DER BLIESGAU

Natur – Menschen – Geschichte

Andreas Stinsky

Mit Beiträgen von
Dieter Dorda, Anne-Kathrin Eiswirth, Ann-Kathrin Göritz, Peter Haupt,
Augustin Speyer und Helmut Wolf

Impressum

240 Seiten mit 186 Abbildungen und 9 Karten
Titelabbildung: © Saarpfalz-Touristik, Verein f. Dorfgesch. Bliesmengen-Bolchen,
Andreas Stinsky

Bibliografische Information der Deutschen Nationalbibliothek
Die Deutsche Nationalbibliothek verzeichnet diese Publikation in der Deutschen
Nationalbibliografie; detaillierte bibliografische Daten sind im Internet über
http://dnb.d-nb.de abrufbar.

© 2020 by Nünnerich-Asmus Verlag & Media, Oppenheim am Rhein
5. Auflage 2022
ISBN 978-3-96176-106-7

Lektorat: Tina Sieber, Leonie Kremer, Charlotte Dornauf, Fabian Dietrich
Gestaltung des Titelbildes: Hans Jürgen Wiehr
Gestaltung: alles mit Medien, Anke Enders
Druck: Westermann Druck Zwickau GmbH

Printed in Germany by Nünnerich-Asmus Verlag & Media
Weitere Titel aus unserem Verlagsprogramm finden Sie unter:
www.na-verlag.de

Inhalt

Vorwort

Im Südosten des Saarlandes, direkt an den Grenzen zu Rheinland-Pfalz und Frankreich, erstreckt sich eine kleine, überregional kaum bekannte Landschaft: der Bliesgau. Auf gerade einmal etwa 240 km², was nicht einmal der Hälfte des Bodensees entspricht, hat sich hier eine einzigartige historische Kulturlandschaft erhalten, wie sie in Mitteleuropa an nur noch wenigen Orten anzutreffen ist. Auf etwas mehr als 30 beschauliche Dörfer, wenige Höfe und eine Kleinstadt verteilt, leben hier 40.000 Menschen.

Der Bliesgau (Abb. 1) stellt eine sanft wellige Hügellandschaft mit Streuobstwiesen abseits größerer Zentren dar. Er liegt, unterteilt in fünf fast parallel verlaufende Täler, zwischen den Städten Saarbrücken, Homburg und Zweibrücken und grenzt nach Süden an Frankreich.

Die Grenzen des Bliesgaus können unterschiedlich – nach Naturräumen, historischen Namensbelegen oder dem heutigen Biosphärenreservat – abgesteckt werden. Das Buch berücksichtigt alles davon, orientiert sich in erster Linie jedoch am Naturraum.

Seine naturräumlichen Gegebenheiten machten den Bliesgau früh zu einem beliebten Siedlungsgebiet und seine Lage später zum kulturellen Schmelztiegel deutscher und französischer Einflüsse. Zusammen mit zahlreichen anderen Grenzregionen in Mitteleuropa teilt er den Charakter eines bilateralen Bindegliedes, wobei die Ortschaften durch Kriege besonders oft ihr Erscheinungsbild und ihre politische Zugehörigkeit wechselten.

Seine idyllische, alte Kulturlandschaft weist eine erstaunliche Vielfalt an Tier- und Pflanzenarten auf. Dies ist mit ein Grund, warum er 2009 von der UNESCO als Biosphärenreservat unter Schutz gestellt wurde.

*Seite 9: Abb. 1, rechts:
Die typische, sanft
wellige Hügellandschaft
des Bliesgaus.*

*Seite 10–11: Abb. 2:
Blick auf Medelsheim
in der Parr.*

Das vorliegende Buch stellt eine Übersicht zur Natur, Kulturlandschaft, Geschichte, den Orten, der Baukultur und der Alltagswelt dar und wirft dabei auch einen Blick auf überregional aktuelle Themen wie Strukturwandel und Fragen zur Identität.

Einheimischen soll es verhelfen, einen neuen, detaillierteren Blick auf ihre Heimat werfen zu können. Besucher können es als Reiseführer nutzen, der ihnen eine faszinierend vielfältige Gegend eröffnet.

Andreas Stinsky

Einleitung

Der Bliesgau

Eine einzigartige historische Kulturlandschaft

von Andreas Stinsky

Seite 13:
Abb. 3, oben: Lage des
Biosphärenreservats
Bliesgau in Deutschland.

Abb. 4, unten:
Übersichtskarte der
Orte im Bliesgau.

Der Bliesgau (Abb. 3) erstreckt sich auf einer Fläche von etwa 20 auf 20 km im Süd-osten des Saarlandes am Unterlauf der ihm seinen Namen gebenden Blies an der Grenze zu Frankreich und der westlichen Pfalz. Seine sanft hügelige, offene Kultur-landschaft mit ihrem einzigartigen Licht im Spätsommer und milden Klima wird bis-weilen auch „Toskana des Saarlandes" genannt.

Der Name der Region taucht erstmals in Urkunden aus dem späten 8. Jh. (*pagus Blesinse*) auf, wobei für das Wort Gau damals noch die lateinische Form *pagus* verwen-det wurde. Ein Jahrhundert später sind dann die ersten althochdeutschen Namens-formen wie *Blisgowe* anzutreffen. Der Gau umfasste im Frühmittelalter das gesamte Einzugsgebiet der Blies und reichte nach Westen zeitweise sogar deutlich über die Grenzen des heutigen Bliesgaus hinaus. Nach der Landschaft wurde schließlich auch eine Verwaltungseinheit, die Bliesgaugrafschaft, benannt, deren Hauptort Habkirchen, später Blieskastel (Abb. 4) war. Die Grafschaft bestand mindestens von 870 bis ins 13. Jh. hinein, als die Adelslinie ausstarb. Mit seinen frühmittelalter-lichen Namenswurzeln befindet sich der Bliesgau in einer Reihe mit zahlreichen wei-teren Landschaften, in denen sich *gau* als Bestandteil des Namens erhalten hat, wie das Allgäu, der Breisgau, Chiemgau, Kraichgau oder Rheingau.

Nach dem Verfall der Grafschaft geriet auch der Name Bliesgau allmählich au-ßer Gebrauch. Erst im frühen 18. Jh. ist er wieder in der Literatur anzutreffen.

Heute wird die Muschelkalkgegend am Unterlauf der Blies als Bliesgau be-zeichnet. Sie zeichnet sich insbesondere durch ein Nutzungsmosaik aus Streuobst-wiesen, Weide- und Ackerflächen sowie Wäldern auf den Höhenrücken aus. Bis in

Seite 14–15:
Abb. 5, links:
Der Bliesgau zwischen
Wolfersheim und
Bliesdalheim.

Abb. 6, rechts: Blick ins
Bliestal bei Reinheim.

EINLEITUNG

die 1920er-Jahre spielte zudem der Weinbau eine nicht unerhebliche Rolle. Die landschaftliche Vielfalt mit ihren besonders wertvollen Biotopen begünstigte das Aufkommen eines reichen Artenspektrums der Tier- und Pflanzenwelt.

Im Jahr 2009 wurde die Region aufgrund ihrer einzigartigen Kulturlandschaft (Abb. 5–6) durch die UNESCO als Biosphärenreservat anerkannt. Seither ist sie eine Modellregion, deren maßgebliche Ziele der Schutz der Landschaft sowie eine ganzheitliche, nachhaltige Entwicklung im Zusammenspiel zwischen Mensch und Umwelt sind. Doch die ländliche Gegend fernab größerer Zentren befindet sich seit Jahrzehnten in einem Strukturwandel, durch den gleichermaßen Landwirtschaft, Landschaft und die Ortsbilder so starken Veränderungen ausgesetzt sind, dass das Ergebnis offen ist. Dies bringt so manche Herausforderung für die Menschen im Bliesgau mit sich, bietet aber zugleich auch eine besondere Dynamik, die zahlreiche neue Perspektiven und Gestaltungsmöglichkeiten eröffnet.

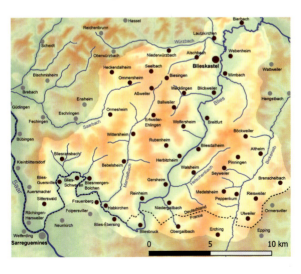

Natur und Landschaft

Die Blies

Namensgeberin der Region und Gestalterin der Landschaft

von Andreas Stinsky

Seite 16–17:
Abb. 7: Die Blies.
Namensgeberin der
Region und längster
Fluss im Saarland.

Die Blies (Abb. 7) entspringt im Nordsaarland am Momberg auf 430 m ü. NN und mündet nach knapp 100 km auf 194 m ü. NN bei Saargemünd, wie der Ortsname bereits verrät, in die Saar. Sie stellt den größten Nebenfluss der Saar und den längsten Fluss im Saarland dar. Die in den Vogesen in Frankreich entspringende Saar verläuft auf saarländischem Boden nämlich nur knapp 70 km, die Blies hingegen über 90 km.

Der Name des Flusses wurzelt vermutlich im Keltischen. In der Antike hieß er *Blesa*. Im Frühmittelalter wurde die ganze Region nach ihm benannt. Dies ist ein Phänomen, wie es vielerorts anzutreffen ist, wie etwa auch beim Saar- oder Rheingau. Auch beziehen sich zahlreiche Siedlungsnamen wie Blieskastel und Bliesbruck auf den Flussnamen oder dieser wurde Ortsnamen im Laufe ihrer Geschichte als Präfix nachträglich vorangestellt, um sie von Orten in anderen Regionen besser unterscheiden zu können, wie es auf Bliesdalheim, Blies-Ébersing, Bliesmengen-Bolchen, Bliesransbach, Blies-Guersviller oder Blies-Schweyen zutrifft.

Abb. 8:
Baden in der Blies
bei Herbitzheim zu
Beginn des 20. Jhs.

Entlang der Blies bestanden spätestens seit dem Mittelalter zahlreiche Mühlen, von denen heute jedoch nur noch die von Breitfurt in Nutzung ist, wo jährlich bis zu 80.000 t Weizenmehl gemahlen werden und zusätzlich Strom aus Wasserkraft produziert wird. Von der Römerzeit bis ins 19. Jh. hinein wurde der Fluss mit Flößen befahren.

Neben zahlreichen Wehren fanden ab dem 19. Jh. vielerorts größere menschliche Eingriffe am Flussbett statt. Insbesondere bei Neunkirchen, nördlich des Bliesgaus, wurden

NATUR UND LANDSCHAFT

Mäanderstrecken begradigt und Nebenarme zugeschüttet, sodass die Länge der Blies insgesamt um rund 20 km verringert wurde. Dies erhöhte die Fließgeschwindigkeit und die Hochwassergefahr, wie man es besonders dramatisch 1993 erlebte, als man durch die Blieskasteler Altstadt mit Booten fahren konnte (s. Abb. 84).

Abb. 9: Fähre über die Blies zwischen Blies-Schweyen und Bliesmengen-Bolchen um 1900.

War der Fluss über Jahrhunderte in die Lebenswelt der Menschen, etwa als Bade- und Waschplatz (Abb. 8) oder für Spazierfahrten, eingebunden, führte das Hineinleiten häuslicher und industrieller Abwässer im 19./20. Jh. zu einer steigenden Verschmutzung, wodurch die Blies immer mehr zu einem „Kanal" verkam. In den letzten Jahren verbessert sich durch ein neues Abwassermanagement die Wasserqualität wieder.

Die Naturräume

Eine sanft hügelige Muschelkalklandschaft

von Andreas Stinsky

Die Landschaft des Bliesgaus umfasst im Wesentlichen zwei Naturräume: den Saar-Blies-Gau sowie den Zweibrücker Westrich. Diese naturräumlichen Gliederungen werden nach Geländerelief, Geologie sowie Böden voneinander unterschieden.

Der Saar-Blies-Gau ist eine typische Schichtstufenlandschaft, die sich aus einer relativ schmalen Talzone, verhältnismäßig sanften Hanglagen und gewölbten Höhenrücken zusammensetzt (Abb. 10). Die größeren Täler basieren in ihrem Erscheinungsbild auf der Abfolge von Unterem, Mittlerem und Oberem Muschelkalk (Abb. 11), die zusammen ein mehr als 200 m mächtiges Gesteinspaket darstellen, was das Relief und die Böden prägte. Allein in den untersten Zonen der größeren Täler steht der Buntsandstein an (Abb. 12).

Erdgeschichtlich entstanden der Muschelkalk und der Buntsandstein im Verlauf der sog. Trias vor ca. 245 bis 200 Mio. Jahren. Der Buntsandstein bildete sich heraus, als sich bei teils wüstenartigem Klima in großen Senken Sande und Kies ablagerten, die zeitweise mit Meerwasser überflutet waren. Der Muschelkalk hingegen entstand während die Gegend für rund 15. Mio. Jahre von einem flachen Meer überspült war, auf dessen Grund sich Sedimente mit unzähligen Muschel- und Schneckenresten ablagerten, auf welche die heutigen Gesteinspakete zurückgehen.

Abb. 10: Charakteristisch für den Saar-Blies-Gau sind verhältnismäßig sanfte Hanglagen und gewölbte Höhenrücken.

Während in den Bereichen des Unteren Muschelkalks schmale, relativ ebene Geländestreifen anzutreffen sind, steigt das Gelände dahinter zum Mittleren Muschelkalk stetig an. Letzterer stellt ein wasserspeicherndes Gesteinspaket dar, weshalb sich in seiner Zone zahlreiche Quellaustritte finden. Die sanften Hanglagen des Mittleren Muschelkalks enden an einer steilen Geländestufe, die den Übergang zum Oberen Muschelkalk bildet. In diesem Bereich stellt der sog. Trochitenkalk ein besonders hartes Gestein dar, aus dem seit der Römerzeit bevorzugt Mauersteine für den Hausbau gewonnen wurden. Darüber schließen die Hänge mit sanft gewölbten Höhenrücken ab. Die höchste Erhebung stellt mit 401 m der Kahlenberg zwischen Breitfurt und Böckweiler dar.

Östlich des Bliestals folgt ab dem Bickenalbtal als Naturraum der Zweibrücker Westrich (Abb. 13), der ebenfalls vom Muschelkalk dominiert wird. Dieser zählt zum Bliesgau nur bis zur Landesgrenze von Rheinland-Pfalz, erstreckt sich nach dieser aber noch bis nach Pirmasens, wo der Pfälzer Wald beginnt. Der Name Westrich ist seit dem 13. Jh. belegt und ist darauf zurückzuführen, dass er die westlich des Rheins gelegenen Territorien („Westerreich") des Heiligen Römischen Reiches umschrieb. Das Namenspendant Österreich („östlich gelegenes Reichsgebiet") ist im Unterschied dazu heute international bekannt.

Im Vergleich zum Saar-Blies-Gau fehlt hier die oberste Stufe der Höhenrücken, deren Hänge zudem eine geringere Neigung aufweisen. Somit stehen hier größere ebene Flächen zur Verfügung, die mit ihren fruchtbaren verwitterten Kalkböden landwirtschaftlich intensiv genutzt werden.

Im Norden wird der Bliesgau durch den Kirkeler Wald begrenzt. Hier steht der Buntsandstein an, der bisweilen beachtliche Felsbänke ausgebildet hat. Die

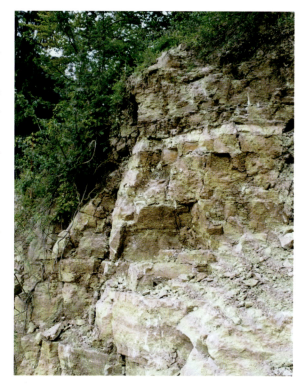

Abb. 11, oben: Muschelkalkpakete in einem Steinbruch, die aus Sedimenten mit unzähligen Muschelschalen entstanden.

Seite 21, Abb. 12, unten: Nur in den unteren Tallagen des nördlichen Bliesgaus steht der Buntsandstein an.

sauren und nährstoffarmen Böden eignen sich schlecht für eine landwirtschaftliche Nutzung, was sich im heutigen, fast vollständig bewaldeten Landschaftsbild widerspiegelt. Die Gegend ist stark zerklüftet und durch Erosion wurden mancherorts bizarre Felsformationen geschaffen.

Abb. 13: Östlich des Kahlenbergs, welcher das Bliestal begrenzt, erstreckt sich der Zweibrücker Westrich.

Die Tier- und Pflanzenwelt

Seltene Arten und ein botanisches Kleinod

von Dieter Dorda

Die im Folgenden vorgestellten Pflanzen- und Tierarten, die nur eine kleine Auswahl darstellen, sind typisch für den Bliesgau und unterstreichen die herausragende Bedeutung der Region hinsichtlich ihrer Pflanzen- und Tierartenvielfalt.

In den Wäldern kommt die Wildkatze, ebenso wie der Pirol vor. Diese Vogelart kommt erst um Pfingsten aus ihrem afrikanischen Winterquartier zu uns und verlässt die Region auch sehr früh schon wieder. Sehr spät kommt auch der Wespenbussard zu uns, der eine Vorliebe für Wespen hat, deren Nester er ausgräbt. In Eichen-Hainbuchenwäldern im Süden der Region brütet der Halsbandschnäpper. Das ist saarlandweit eines der wenigen Vorkommen. An der Blies brüten sowohl der Rot- (Abb. 14) als auch der Schwarzmilan und auf künstlichen Nisthilfen kann man Weißstorchpaare finden. Zwei Drittel des Weltbestandes des Rotmilans kommen in Deutschland vor. In den Streuobstwiesen sind Wendehals und Steinkauz anzutreffen und über den Kalk-Magerrasen, z. B. im Gebiet „Auf der Lohe" oberhalb Reinheim, kann bereits im Frühjahr die Heidelerche bei ihrem Singflug beobachtet werden. Während der Neuntöter in anderen Regionen immer seltener anzutreffen ist, scheinen seine Bestände im Bliesgau noch stabil zu sein. Mit dem Skabiosen-Scheckenfalter kommt im Bliesgau ein Schmetterling vor, der deutschlandweit äußerst selten ist (Abb. 15). Im Frühjahr ist überall aus den mageren Wiesen das Zirpen der Feldgrille zu hören. Weitere bemerkenswerte Heuschreckenarten sind der Warzenbeißer und auch das Weinhähnchen, das als wärmeliebende Art im Bliesgau eine sehr hohe Bestandsdichte aufweist. In der Bergzikade findet man eine weitere seltene, wärmeliebende Insektenart vor. Und auch einen Neubürger gibt es: Es ist

Seite 24:
Abb. 14: Ein Rotmilan im Flug.

Abb. 15: Der Skabiosen-Scheckenfalter ist ein Schmetterling, der in ganz Deutschland sehr selten vorkommt und eine gefährdete Art darstellt.

Abb. 16: Der Biber wurde aufgrund von Überjagung in der 1. Hälfte des 19. Jhs. ausgerottet und erst nach Auswilderungskampagnen ab 1999 ist er wieder im Bliesgau heimisch.

Seite 25:
Abb. 17: Der an der Blies lebende Eisvogel zählt zu den Tierarten, die für den Bliesgau besonders charakteristisch sind.

die Gottesanbeterin. Das Vorkommen der Gottesanbeterin ist zweifelsohne ein Zeichen für eine Klimaveränderung. An der Blies lebt der Eisvogel (Abb. 17), für den es an den natürlichen Prallhängen gute Möglichkeiten zur Anlage der Bruträhre gibt. Ebenfalls eine Tierart der Gewässer ist der Biber (Abb. 16), der, nachdem er im frühen 19. Jh. ausgerottet wurde, 1999 erfolgreich wieder ausgewildert wurde. An Amphibien sind die Wechselkröte und der Kammmolch zu erwähnen und an stillen Gewässern kann die Feuerlibelle – ebenfalls eine wärmeliebende Art, die sich gegenwärtig ausbreitet – beobachtet werden. Selten geworden ist dagegen die Gelbbauchunke.

Genauso bedeutend wie die Fauna ist auch die Flora des Bliesgaus. Hier sind an erster Stelle die Orchideen zu nennen. Bekannt sind die Arten der Gattung Ragwurz. Die häufigste davon ist die Hummelragwurz (*Ophrys holoserica*). Des Weiteren sind zu nennen die Bocksriemenzunge (*Himantoglossum hircinum*), das Helm-Knabenkraut (*Orchis militaris*), das Purpur-Knabenkraut (*Orchis purpurea*), die Pyramiden-Orchis (*Orchis pyramidata*) sowie das Brand-Knabenkraut (*Orchis ustulata*). Als eine der letzten Orchideenarten blüht Mitte Juli die Mücken-Händelwurz (*Gymnadenia conopsea*). Ebenfalls eine seltene Art ist das Feld-Mannstreu (*Eryngium campestre*). Von dieser Steppenhexe gibt es nur wenige Vorkommen. Eine typische Art der wärmeliebenden Gebüsche ist der Seidelbast (*Daphne mezereum*). Die Art blüht bereits sehr früh im Jahr, noch vor dem Blattaustrieb. Besondere Beliebtheit, auch wegen seiner kulinarischen Bedeutung, erfährt der Bärlauch (*Allium ursinum*). Will man eine weitere besondere Pflanzenart bewundern, muss man an den Kalbenberg bei Ballweiler gehen, in die „Badstube" bei Mimbach oder in die Kalk-Halbtrockenrasenhänge des

Unteren Muschelkalks, z. B. bei Peppenkum oder Altheim. Hier blüht im Frühjahr die Küchenschelle (*Pulsatilla vulgaris*). Auch eine Enzian-Art gibt es im Bliesgau, der Fransen-Enzian (*Gentiana ciliata*). Diese Art wächst ebenfalls in den Kalk-Halbtrockenrasen wie am Zwiebelberg bei Gersheim.

AUSFLUGTIPPS: NATURSEHENSWÜRDIGKEITEN	
Breitfurt, Kirchheimer Hof	ca. 350 Jahre alte Eiche, Stammumfang > 5 m
Breitfurt, Kahlenberg	Wald ohne forstwirtschaftliche Nutzung
Gersheim, Naturschutzgebiet „Baumbusch"	Wald ohne forstwirtschaftliche Nutzung
Altheim, Naturschutzgebiet „Moorseiters"	Wald ohne forstwirtschaftliche Nutzung
Gersheim	Orchideengebiet
Wittersheim	Kulturlandschaftszentrum Lochfeld

Seite 27:
Abb. 18: Eine Trockenwiese mit blühendem Wiesensalbei bei Altheim.

NATUR UND LANDSCHAFT

Zur Geschichte der Wälder

Vom Urwald zum Wirtschaftsraum

von Helmut Wolf

Die Waldgeschichte beginnt gleichsam mit dem ersten nachweisbaren erdgeschichtlichen Auftreten von Waldbeständen und setzt sich mit dem (merklichen) Eingreifen des Menschen in den Wald fort. Die im Bliesgau entstandene natürliche Waldgesellschaft hat sich vornehmlich nach der letzten Eiszeit, die vor etwa 11.600 Jahren endete, eingestellt. Es gibt in den ebenen und hügeligen Lagen einen Buchenmischwald (Abb. 19), der an wärmeren Hängen mehr mit Eiche, in Tälern und Schluchten mehr mit Esche und Ahorn durchsetzt ist.

Die Ansprüche des Menschen an den Wald haben sich im Laufe der Jahrhunderte immer wieder geändert. Nennenswerte Eingriffe in Form von Rodungen in den damals vermutlich lichten Eichenmischwäldern ergeben sich in unserer Region erstmals in der Jungsteinzeit ab dem 5. Jt. v. Chr., als die Menschen sesshaft wurden und freie Flächen für Ackerbau und Viehzucht benötigten. In der Bronze- und Eisenzeit dürften die Waldflächen zur Gewinnung von Siedlungsräumen, Acker- und Weideflächen erstmals merklich zurückgedrängt worden sein.

In der römischen Periode kann von einer regen Rodungstätigkeit zur Acker- und Weidelandgewinnung sowie zur Gewinnung neuen Siedlungsraumes ausgegangen werden. Neben dem Flächenbedarf für Siedlungen, Ackerbau und Weideflächen bestand ein großer Bau- und Brennholzbedarf für Öfen, Fußbodenheizungen, Handwerksbetriebe sowie den Betrieb von Ziegeleien und Töpfereien.

Da nach dem Zusammenbruch des Römischen Reiches zunächst keine so dichte Besiedlung mehr bestand, trat an vielen Stellen infolge natürlicher Sukzession nach und nach wieder der Wald.

Ab der Mitte des 17. Jhs. verfolgten die Herrschaftshäuser deutlich merkantilistische Wirtschaftsinteressen zur Finanzierung ihrer oft ausschweifenden Hofhaltung. Dabei wurde auch die Ressource Holz rigoros erschlossen und ausgebeutet.

Vereinzelt kam es auch während der Frühen Neuzeit zu Rodungsmaßnahmen, um neue Siedlungen anzulegen. Davon zeugt z. B. der Ortsname Winzelroth (roth = Rodung), das heutige Pinningen.

Unter französischer Verwaltung wurde dann versucht mit einer 1792 eingeführten mustergültigen Forst- und Waldordnung eine ordnungsgemäße Bewirtschaftung der Wälder zu erreichen, doch gelang die Einhaltung der Vorschriften infolge der großen Not der Bevölkerung sowie eigener wirtschaftlicher Interessen seitens der französischen Verwaltung nicht vollends.

Nach der Übernahme der pfälzischen Gebiete einschließlich des Bliesgaus durch das Königreich Bayern 1816 wurden die unter französischer Herrschaft enteigneten und zum Nationalgut erklärten Wälder nicht mehr an Adel und Klerus zu-

Abb. 19: Auf den Höhenrücken der Region erstrecken sich Buchenmischwälder.

Abb. 20: Blick auf Wolfersheim. Um das Dorf herum ist deutlich das kleingekammerte Nutzungsmosaik aus Streuobstwiesen, Wei-de- und Ackerflächen, Gehölzstreifen an den Hängen und Wald auf den Höhenrücken zu sehen.

rückgegeben, sondern fielen als königlicher Waldbesitz dem bayerischen Staat zu. Neben der Übernutzung der Wälder durch Bevölkerungsanstieg, Wiederaufbau und Holzexporte schnellte der Holzbedarf, v. a. auch durch das einsetzende Groß-gewerbe sowie durch die allmählich beginnende Industrialisierung, dramatisch in die Höhe. Viele alte Waldnutzungsformen gingen daraufhin verloren und sind heute weitestgehend in Vergessenheit geraten.

Seit 2009 zählen die Wälder der Region zum Biosphärenreservat Bliesgau, das einen Waldanteil von knapp 30 % aufweist. Sie werden naturnah und nachhaltig be-wirtschaftet (Abb. 20). Es handelt sich zum überwiegenden Teil um Laubwälder, in denen man auch zahlreiche Edellaubhölzer wie Esche, Kirsche, Bergahorn oder ver-einzelt die Elsbeere antrifft.

Eine Kulturlandschaft im steten Wandel

Eine 10.000 Jahre lange Geschichte

von Peter Haupt

Der Begriff „Kulturlandschaft" wird oft für ländlichen Raum verwendet, dessen Aussehen von älteren Eingriffen in Relief, Siedlungsbild und Vegetation geprägt ist. Im Sprachgebrauch ist der Begriff regelhaft positiv besetzt, da Kultur im allgemeinen Verständnis einen ordnenden, künstlichen Gegenpol zu Chaos und Unordnung darstellt. „Kulturlandschaft" wird daher auch als auszeichnendes Prädikat verstanden. Eine Landschaft an sich, als abgeschlossener, einheitlich wahrgenommener Raum, kann zudem identitätsstiftend sein: Bewohner des Bliesgaus können sich als Bliesgauer verstehen und von ihren Nachbarn abgrenzen. Die Landschaft vermag als charakteristische Heimat wahrgenommen zu werden, außerdem können Bewohner und Gäste sie vordergründig als Idealzustand begreifen oder Vorstellungen eines solchen auf diese projizieren. Veränderungen werden in der Folge oft kritisch betrachtet und stoßen auf Ablehnung, etwa der Bau von Windkraftanlagen, Flurbereinigungen oder auch Neubauten, die nicht dem althergebrachten Habitus entsprechen – sie stören das in den Köpfen konstruierte Bild vom Charakter der Kulturlandschaft.

Prinzipiell ist der stete Wandel aber beherrschendes Element der Kulturlandschaft: Einen Urzustand hat es nie gegeben; allenfalls entstanden aus größeren Veränderungen die Ausgangssituationen für nachfolgende, langsamere Entwicklungen. Die Vorstellung, Menschen seien in eine Naturlandschaft eingedrungen und hätten diese erst verändert und schließlich zerstört, ist so jedenfalls nicht wissenschaftlich

haltbar. Eher sind die Veränderungen als Wechselwirkungen zwischen stetem Wandel und entsprechenden Anpassungen der vorhandenen Organismen zu verstehen.

Die meisten Veränderungen nach den Eiszeiten sind von Menschen mitgestaltet worden, teils sogar direkt verursacht. Viele solcher Jahrhunderte und sogar Jahrtausende zurückliegender Handlungen haben Spuren hinterlassen, die noch heute im Bliesgau erkennbar sind. Ihre Betrachtung ermöglicht es, die Genese der Kulturlandschaft zu verstehen, woraus sich wiederum zukünftige Entwicklungen ableiten – oder im Idealfall sogar mit Bedacht steuern lassen.

Die Wurzeln unserer Kulturlandschaften reichen mehr als 10.000 Jahre zurück. Um 9600 v. Chr. erwärmte sich das Klima in wenigen Jahrzehnten sprungartig, die (vorläufig) letzte Kaltzeit endete. Die Winter wurden milder, die Niederschlagsmengen stiegen an und ermöglichten so die Ausbreitung von Bäumen. Zuerst dominierten Birken, Kiefern und Pappeln, die in Rückzugsräumen (Flusstäler) während der vorangegangenen Kaltzeit überdauert hatten. Etwa 2.500 Jahre später breitete sich die Hasel stark aus, der die Eiche folgte, womit sich über weite Bereiche Eichenmischwälder bildeten: Eichen, Ulmen, Linden und Eschen ersetzten sukzessive Birken und Kiefern, die Rotbuche kam erst im 4./3. Jt. v. Chr. hinzu, wohl aus Reliktbeständen im Rhônegebiet. Nun mag man sich gerne vorstellen, in den frühesten Perioden nach der letzten Eiszeit wären Menschen „im Einklang mit der Natur" durch die Wälder gestreift und hätten mit Jagen und Sammeln ihr Auskommen gehabt. Es gibt jedoch gute Gründe, dies für ein idealisierendes Konstrukt unserer Zeit zu halten: Zum einen halten wir unseren Mitmenschen gerne den Spiegel vom vergangenen, angeblichen Idealzustand vor, wenn wir heutige Mängel kritisieren wollen. Zum anderen scheinen die Menschen der Mittelsteinzeit durchaus ihre Umwelt beeinflusst zu haben – zumindest die Ausbreitung der Hasel, von der sie als fleißige Nussesser profitiert haben, könnte von menschlichem Zutun beeinflusst worden sein. Auch werden Eingriffe in das Erscheinungsbild des Waldes angenommen, die mit frühen Formen von Waldweidewirtschaft verbunden gewesen sein könnten.

NATUR UND LANDSCHAFT

Zu gravierenden Änderungen kam es jedenfalls sicher in der Jungsteinzeit, die bei uns etwa 5500 v. Chr. begann. Mit dem aufkommenden Ackerbau wurde es notwendig, längere Zeit an einem Ort zu bleiben, sodass sich die Nutzung von Bau- und Brennholz bereits auf die Zusammensetzung der Baumarten siedlungsnaher Wälder auswirkte. Zudem wurden für den Ackerbau Waldflächen gerodet, was wiederum die Gemeinschaft der Tier- und Pflanzenarten ebenso veränderte, wie das Weiden domestizierten Viehs in den Wäldern. Wir wissen zwar wenig über die früheste Weidewirtschaft und deren Einflüsse auf den Wald – die Anfänge können bereits vor der Jungsteinzeit liegen – ein deutliches Bild sprechen aber die Tierknochen aus der römischen Siedlung von Bliesbruck. Nach den archäologischen Funden haben zur Römerzeit Schweine im Bliesgau einen wesentlichen Anteil am Nutzviehbestand ausgemacht. Fast 50 % der bei den Grabungen in Bliesbruck-Reinheim belegten Nutztiere waren Schweine. Obwohl dieses Bild von diversen Faktoren bestimmt wird, angefangen bei Essgewohnheiten bis hin zur jeweiligen Praxis der Müllentsorgung, darf man es doch als deutlichen Hinweis auf Wald- bzw. Baumnutzung sehen. Haus- und Wildschweine profitier(t)en enorm vom reichhaltigen Nahrungsangebot der herbstlichen Wälder: Eicheln, Bucheckern sowie Würmer, Insektenlarven und -puppen ließen die Tiere schlachtreif fett werden oder gaben ihnen die nötigen Reserven für den Winter. Die Schweinemast im Wald war ausgesprochen gestaltungswirksam, denn durch Schonung und Förderung von Mastbäumen sowie das Umgraben des Bodens durch die Schweine wurde stark in die natürliche Verjüngung des Waldes eingegriffen. Außerdem ergaben sich diverse Konfliktsituationen mit anderen Waldnutzern, etwa der Waldweide von Rindern oder der Nutzholzproduktion.

Die aus der frühen Landwirtschaft resultierende Sesshaftigkeit führte nicht zu dauerhaften Dörfern im heutigen Verständnis. Ein Haus mit im Boden versenkten, tragenden Pfosten hat in unseren feuchten Klimata nur eine sehr beschränkte Lebensdauer. Auch die Nutzung siedlungsnaher Ressourcen (Bodenfruchtbarkeit, Bau- und Brennholz, Laubstreu, Reisig etc.) stieß ohne ein ausgeklügeltes Management nach einigen Jahren an ihre Grenzen. Hieraus ergaben sich Versorgungsengpässe, die am leichtesten mit einem Wechsel der Wohnplätze etwa alle Dutzend Jahre bewältigt werden konnten. Nach einer Zeit der Abwesenheit kehrte man

wieder an einen aufgegebenen Siedlungsplatz zurück, baute neben den Material-
entnahmegruben und morschen Holzresten des alten ein neues Haus.

Die vor rund 5.000 Jahren zuwandernde Rotbuche besetzte in den Wäldern
Standorte anderer Baumarten; die Anteile von Eichen, Linden und Eschen gingen
etwas zurück. Wahrscheinlich haben auch hier Menschen in ihrem Umfeld in die Ar-
tenzusammensetzung eingegriffen, indem einerseits als Bauholz besser geeignete
Eichen eher geschlagen wurden, andererseits könnte auch das Urbarmachen geeig-
neter Böden in guten Lagen zu Lasten eher anspruchsvoller Baumarten, Waldweide
zu Lasten der natürlichen Waldverjüngung gegangen sein.

Erst etwa ab der späten Bronzezeit, rund 1000 v. Chr., nahm die Bevölkerung
so weit zu, dass es zu einer deutlichen Ausweitung landwirtschaftlich genutzter Flächen kam: Im 1. Jt. v. Chr. wurden die Grundlagen für die uns vertraute, zumindest
außerhalb der Mittelgebirge offene Agrarlandschaft gelegt. In der älteren Eisenzeit
(ab ca. 800 v. Chr.) waren auch die Bewohner des Bliesgaus mit einem Klimapessi-
mum konfrontiert, welches die gesamte vorrömische Eisenzeit andauerte. Manche
sehen das ungünstigere Klima als mitverantwortlich für die Herausbildung einer
stärker hierarchisch geprägten Gesellschaft: Die Folgen des feuchtkühleren Klimas
für Landwirtschaft und Ernährung wären mit verbessertem Werkzeug und neuen
Methoden kompensiert worden; gleichzeitig hätte sich eine neue, auf Großgrundbesitz und die Verfügung über wichtige Ressourcen (Salz, Metalle, Importwaren)
basierende Oberschicht herausgebildet. Der Aspekt des Grundbesitzes hätte den
Charme, bereits in der Eisenzeit die Wurzeln der römischen Verhältnisse sehen zu
können: Die sog. Fürstin von Reinheim, in der 1. Hälfte des 4. Jhs. v. Chr. bestattet
(s. Abb. 30), hätte womöglich bereits über arrondierten Landbesitz verfügt, der
später den Eigentümern der Reinheimer Palastvilla gehörte (s. Abb. 33).

Es ist bemerkenswert, dass relativ wenige vorrömische Siedlungsplätze bekannt geworden sind. Dieser Umstand dürfte jedoch weniger an tatsächlich geringer Siedlungstätigkeit liegen, als vielmehr an Erosionsfolgen jüngerer Zeiten; denn
die Hänge des Bliesgaus sind in einigen Bereichen durch ihr Relief und ihren geolo-
gischen Aufbau stark erosionsgefährdet. Davon zeugen insbesondere tiefe Runs-
en (Erosionsrinnen), deren Entstehung nordwestlich von Blickweiler geradezu
lehrbuchartig aus dem Bodenarchiv herauszulesen ist (Abb. 22): Nach der Entwal-

dung des Höhenrückens westlich des Dorfes fließen Niederschläge bei Starkregen oberflächlich ab und reißen besonders in der vegetationsarmen Zeit Rinnen in den Boden, die dem vorhandenen Geländerelief folgen, dank der konkaven Hangform zusammentreffen und schließlich mit größerer Kraft etliche Meter tiefe Runsen in den Mittelhang eingraben. Der erodierte Boden wird im Talgrund abgelagert – oder gleich bis in die Blies abgeführt. Jüngere Untersuchungen konnten am Oberhang bereits in römischer Zeit landwirtschaftliche Nutzung wahrscheinlich machen, womit der Beginn der im wahrsten Sinne des Wortes gravierenden Erosion zu fassen sein dürfte. Auch noch im 21. Jh. sind genannte Erosionsphänomene aktiv! Wenn nun bei einem Starkregen außergewöhnlich viel Boden erodiert wurde, lagerte sich dieser in Schwemmfächern am Hangfuß oder als Auenlehm im Überflutungsbereich der Blies wieder ab – und überdeckt nun dort befindliche vorgeschichtliche Siedlungsplätze.

Die Intensivierung der Landwirtschaft in römischer Zeit beruhte auf besseren Anbaumethoden, einem tieferen Verständnis von biologischen und betriebswirtschaftlichen Vorgängen, nicht zuletzt aber auch auf einer stärker differenzierten

Abb. 22: Eine tiefe Erosionsrinne bei Blickweiler, deren Anfänge bereits fast 2.000 Jahre zurückliegen, wie es durch ein angelegtes Bodenprofil belegt werden konnte. Sie zeugt von der seit der Antike intensiven Bewirtschaftung der fruchtbaren Muschelkalkhänge im Bliesgau, in deren Folge große Mengen an Böden ins Tal abgeschwemmt wurden.

Gesellschaft. In Städten lebende Menschen konnten nicht mehr als Bauern tätig sein, produzierten dafür aber andere Waren und stellten Dienstleistungen zur Verfügung. Dieses große Modell antiken Städtewesens spiegelt sich im Bliesgau: In dem kleinstädtischen *vicus* von Bliesbruck wurden mehr Agrarprodukte konsumiert als produziert; im *vicus* Blickweiler wurde qualitativ hochwertiges Speisegeschirr hergestellt. Die auf Überschussproduktion ausgerichtete Landwirtschaft profitierte von der wohl unproblematischen Übernahme keltischer Sozial- und Eigentumsstrukturen des ländlichen Raums – es darf umfassender Großgrundbesitz im römischen Bliesgau angenommen werden, von dem Palastvillen wie die bei Reinheim eindrücklich zeugen.

Die heute im Bliesgau fast schon prägenden Obstbäume gab es hier nicht von Beginn an. Überlegungen, Menschen hätten bereits im Mesolithikum bewusst oder unbewusst zur Verbreitung der Haselnuss beigetragen, könnten auch auf heute weit verbreitete Arten von Kern- und Steinobst übertragen werden. So könnten Schlehen, die als Teil der nacheiszeitlich zugewanderten Gehölzvegetation zu betrachten sind, in vorgeschichtlichen Heckenpflanzungen gefördert worden sein. In vorrömischen Gräbern eines eisenzeitlich-römischen Gräberfelds im Kreis Kusel in der Pfalz wurden Indizien für Apfel, Birne, Weißdorn, Elsbeere, Schlehe und Kornelkirsche gefunden. Obst- und Weinbau hat es mit großer Wahrscheinlichkeit im Bliesgau schon zur Römerzeit gegeben, wenngleich der Nachweis nicht einfach ist. Reben und Obstbäume wird man hier wohl eher im Hausgarten bzw. im Hofareal gepflanzt haben. Antike Weinkeltern wurden im Bliesgau (im Gegensatz zu Moseltal und Rheinpfalz) bislang nicht entdeckt; ihr Fehlen darf als Zeichen für einen geringen Stellenwert oder aber gar nicht erst vorhandene Weinproduktion gewertet werden.

Der durchschnittliche Jahresniederschlag im Bliesgau liegt mit 800 bis 1.000 mm vergleichsweise hoch, in den benachbarten Weinbaugebieten liegen die Jahres-

NATUR UND LANDSCHAFT

niederschläge regelhaft unter 650 mm (Moseltal, Mittel-rheintal) bzw. in größeren Gebieten unter 500 mm (Rhein-hessen, Rheinpfalz, südliche Teile des Mittelrheintals). Bei den vorherrschenden Westwinden befindet sich der Blies-gau gewissermaßen auf der falschen Seite der Vogesen und des Pfälzer Waldes. Hohe Niederschläge machen Reben und Trauben anfälliger für Pilze und Fäulnis, in Hanglagen kommt es verstärkt zu Bodenerosion. Für den Weinbau ist der Bliesgau daher suboptimal geeignet. Bei Investitions-bedarf durch nötige Modernisierungen, Missernten, verän-derte ökonomische Rahmenbedingungen u. Ä. zeigte sich die mangelnde Konkurrenzfähigkeit gegenüber den günsti-geren Weinanbauregionen wie Moseltal, Rheinpfalz, Rhein-hessen und dem Rheingau. Europaweit dehnte sich der Weinbau im hochmittelalterlichen Klimaoptimum stark aus, um dann mit dem kühleren und feuchteren Spätmittelalter in zu exponierten Regionen wieder aufgegeben zu werden. Zuletzt war es die Ausbreitung der Reblaus, die den mit-telalterlich-neuzeitlichen Weinbau im Bliesgau beendete. Angesichts der fortschreitenden Klimaerwärmung wäre

eine Wiederaufnahme des Weinbaus zu erwarten, die vielleicht Bestand haben wird, bis das Klima wieder abkühlt.

Die im Bliesgau verbreiteten Spuren einstigen Obst- und Weinbaus (zahlreiche Obstbäume, teils ungepflegt, verwildert oder auch abgestorben; Terrassierungen) (s. Abb. 144) sind, soweit es sich ohne archäologische Untersuchungen beurteilen lässt, jüngeren Datums: Streuobstwiesen sind ein auffälliges Relikt älterer Misch-nutzung von Grünland (Abb. 23–24 u. s. Abb. 162). Die vormoderne Landwirtschaft war darauf aus, möglichst diversifizierte Landnutzung zu betreiben, bei der recht ausgeklügelte Überlegungen angestellt wurden, wie verschiedene Erträge von der-selben Fläche zu erzielen waren. Die alte Agrarliteratur ist entsprechend voll von solchen Win-Win-Situationen: Wenn Tiere auf einer Weide einen Sonnenschutz benötigen, kann mit einem Obst- oder Nussbaum sowohl Schatten als auch ein

Abb. 24a/b, oben: Blick auf den komplett mit Streuobstwiesen über-zogenen Talhang hinter Bliesdalheim um 1920.

Unten: Foto aus der glei-chen Perspektive 100 Jah-re später. Es ist deutlich zu erkennen, wie sich die Landschaft veränderte: Der Höhenrücken und die Bliesaue sind stärker bewaldet, es gibt mehr Buschgruppen an den Hängen und der Bestand an Streuobstbäumen ist stark zurückgegangen.

Ertrag an Baumfrüchten erzielt werden. Auch solitäre Eichen erfüllen den gleichen Zweck: Wo im Sommer Kühe Schatten suchen, finden im Herbst Schweine Nahrung. Obst- und Nussbäume lassen sich auch in Weingärten und auf Äckern pflanzen, die störende Wirkung auf die flächigen Anbauarten ist geringer als man meint, sofern man nicht auf kleinen Flächen mit großen Maschinen arbeiten möchte. Werden Intensivkulturen, wie es Acker- und Weinbau sind, aufgegeben, ist die Verbuschung (in fünf bis 20 Jahren) und letztlich Bewaldung (in wenigen Generationen) der entsprechenden Areale die für unsere Breiten natürliche Entwicklung. Dabei mag die Verbuschung von Lage zu Lage unterschiedlich schnell verlaufen, sodass gerade an trocken-sonnigen Stellen als Zwischenstadium ein Trockenrasen entstehen kann. Ohne (letztlich wiederum intensive) Beweidung sind aber auch trocken-felsige Lagen relativ schnell mit Schlehen, Weißdorn, Vogelbeere und anderen robusten Gehölzen bewachsen.

Dem Obstbau liegt in besonderem Maße eine zu tradierende Wissenschaft zugrunde. Zuchtwahl, Sortenerhalt und Veredelung, Standortfragen, Schädlinge und Krankheiten waren Aspekte, die mit einer Verschriftlichung der einschlägigen Kenntnisse deutlich besser berücksichtigt werden konnten. Nicht von ungefähr erlebt der Obstbau eine Blüte in der Römerzeit, dann wieder in mittelalterlichen Klöstern und schließlich in der von Schriftkultur geprägten Neuzeit.

Im Zuge der Aufklärung wuchs die Wertschätzung des Obstanbaus enorm. So erkannte man, dass schlechtere, für Getreideanbau wenig geeignete Böden und Lagen durchaus für Obstbäume gut genug sein konnten. Mischkulturen, etwa durch Unterpflanzen mit Klee, waren möglich. Zudem stellten Obstbäume ein gut verzinstes Investment dar, das neben den Ernteerträgen auch den Grundstückswert erhöhte. Diese besonders im 18. Jh. verbreiteten Überlegungen erklären den Eifer, mit dem Landesherren und Obrigkeit ihren Landwirten den Obstbau schmackhaft zu machen suchten: Im Land produziertes Obst brauchte nicht importiert zu werden, mehr Produktion ergab zudem mehr Steuern und Abgaben. Als soziale Komponente konnte angebracht werden, dass breit aufgestellter Wohlstand nicht so zerbrechlich ist, wie die Konzentration auf ein Produkt.

Mit dem Frühmittelalter dürfte es auch im Bliesgau zu einer Expansion des Getreideanbaus gekommen sein. Die Herausbildung des im jüngeren Frühmittelalter und im Hochmittelalter beherrschenden Systems der Grundherrschaft – eigentlich

eine Variante spätantiker Verhältnisse – gab dem ländlichen Raum Stabilität und forcierte die Herausbildung von Dorfsiedlungen. In diesen lebten sozial eng verbundene, dem Grundherrn verpflichtete Bauern, die wichtige Teile der Landbewirtschaftung gemeinsam durchführten. Ein gewissermaßen konkurrierendes System stellten die Klöster dar, deren Gemeinschaften oft finanzstärker und effizienter waren. Das aufblühende Städtewesen des Hoch- und Spätmittelalters schuf eine starke Nachfrage nach Agrarprodukten, doch im 14. Jh. geriet dieses Wirtschaftswachstum ins Stocken. Bevölkerungsrückgänge durch eine massive Pestepidemie um 1350, die besonders in den dicht bevölkerten Städten grassierte, reduzierten die Nachfrage nach Getreide. In der Folge verringerten sich die Profite, die Bauern

Abb. 25: Blick auf das Bliestal zwischen Herbitzheim und Webenheim.

und Grundherren, und auch Klöster aus ihrer Landwirtschaft erzielten. Bauern, aber ebenso verarmte Grundherren zog es in die Städte, wo sie in städtischen Berufen ein neues Auskommen fanden. Gleichzeitig war das spätmittelalterliche Klima wechselhafter geworden, was landwirtschaftliche Erträge zumindest schwerer kalkulierbar machte. Einige Hofsiedlungen und kleine Dörfer des Bliesgaus fielen nun wüst, d. h. ihre Bewohner starben durch Fortzug, oft nur ins nächste demselben Grundherrn gehörige, größere Dorf, aus. Die damit erreichte Siedlungsstruktur entspricht nun weitgehend der heutigen.

Welche Spuren älterer Zeiten sind heute noch gut zu erkennen?

Beginnen wir mit der Lage der Siedlungen. Menschliche Siedlungen liegen bevorzugt an sog. Ökotopübergängen, also Bereichen, die etwa vom trockenen Hangfuß zu feuchten Auen überleiten, oder vom Rand eines Plateaus zu den steileren Hängen und den bewaldeten Hochflächen. Die Gründe für diese Platzwahl sind einfach – man wollte schlicht sowohl den nötigen Ressourcen als auch dem primären Wirtschaftsraum möglichst nahe sein. Entsprechende Lagen gibt es aber im stark reliefierten und siedlungsgünstigen Bliesgau in überaus großer Zahl, sodass sich die Frage nach weiteren Kriterien stellt. Nun entstanden die meisten der heutigen Dörfer im Früh- und Hochmittelalter, als sich das bäuerliche Leben mehr und mehr an den Punkten mit bester Infrastruktur konzentrierte. Politische und religiöse

Zentralfunktionen waren die bestimmenden Faktoren. Die zugrundeliegende Wahl der Siedlungsplätze im beginnenden Frühmittelalter indes war noch vom Siedlungsbild der Römerzeit beeinflusst. Im 5. Jh. vorhandene Feldfluren, wohl auch der eine oder andere noch bewohnte römische Bauernhof und Gunstlagen, besonders die Nähe zu verlässlich schüttenden Quellen, beeinflussten fränkische Neuansiedlungen. So ist zu erklären, warum in mehreren Dörfern des Bliesgaus im Bereich der Kirche, also dem Kern des Dorfes, römische Baureste gefunden wurden. Gewissermaßen trafen im 5. und 6. Jh. zwei Modelle, römische Einzelhöfe und kleine germanische Hofgruppen, aufeinander, um einige Jahrhunderte später in das uns heute vertraute Modell der Dorflandschaft überzugehen (s. Abb. 90–91). Römische Gruppensiedlungen, nämlich die *vici* von Bliesbruck, Blickweiler und am Rand des Bliesgaus Schwarzenacker, wurden nicht als städtische Siedlungen fortgeführt – indes kam Blieskastel als Neugründung an einer hochmittelalterlichen Burg hinzu.

Auch der ländliche Raum außerhalb der Siedlungen ist im Bliesgau reich an älteren Strukturen. So stammt die Struktur des heutigen Wegenetzes teilweise noch aus dem Mittelalter, womöglich partiell sogar aus der Römerzeit. Besonders dürfte dies für die von Ort zu Ort führenden Straßen und Wirtschaftswege gelten. Straßenkörper und Wegbefestigungen sind allerdings nicht mehr mittelalterlich, auch wenn es an mancher Stelle so erscheinen mag.

Ländliche Siedlungen sind untrennbar mit den umgebenden Feldfluren verbunden, die in vormoderner Zeit als landwirtschaftliche Nutzflächen die Lebensgrundlage der Menschen bildeten. Im Nahbereich der Siedlungen, quasi wie ein Gürtel um die einstigen Dorfkerne gelegen, gab es Gärten. Diese eingehegten, bis in die 2. Hälfte des 20. Jhs. intensiv bewirtschafteten Flächen werden heute oft als Neubaugebiete genutzt. Von der Römerzeit bis ins Mittelalter kam den Gärten eine besonders wichtige Rolle zu, da hier empfindlichere Pflanzen wuchsen: Obstbäume, Gemüse, aber auch Weinstöcke sind die klassischen Gartenpflanzen dieser Zeit. In die Böden dieser Gartenzone wurden große Mengen des aus Stallmist, Latrineninhalten und Haushaltsabfällen gewonnenen Düngers eingebracht, was heute noch in zahllosen Scherben, die man im Boden findet, erkennbar ist. Außerhalb der Gartenbereiche beginnen die eigentlichen landwirtschaftlichen Nutzflächen, die heute je nach Beschaffenheit (Bodenarten, Relief, Wasserverfügbarkeit) ackerbaulich, als Dauergrünland, mit oder ohne Obstbäume, genutzt wurden. Dieses anscheinend so durchdachte Bild ist bei weitem nicht so stabil, wie es heute wirkt. Die im Hochmittelalter aufkommende Dreifelderwirtschaft (wechselnder Anbau von Winter- und Sommergetreide mit dazwischenliegenden Brachen) oder die Entstehung und letztlich wieder Auflösung von Gewannfluren deuten die hohe Variabilität innerhalb der Strukturen an.

Durch die auch im Bliesgau seit mehr als 200 Jahren vorherrschende Realerbteilung wurde (klein-)bäuerliches Land zwischen den Erben aufgeteilt; der Erbe des Hofes musste gegebenenfalls seine gleichermaßen erbberechtigten Geschwister auszahlen. In der Folge wurde das Betriebskapital immer wieder geteilt (Abb. 25). Die Wirtschaftsfläche und damit die Wirtschaftskraft kleiner und mittlerer Höfe verringerte sich. Aus den besonders betroffenen ärmeren Bevölkerungsgruppen suchten etliche ihr Heil in der Auswanderung oder den im Zuge der Industrialisierung (andernorts) neu entstehenden Arbeiterberufen. Kleinstrukturierte, arbeitsintensive Landwirtschaft verlor im 19. und 20. Jh. an Rentabilität; ein Umstand, dem durch Flurbereinigungen entgegengesteuert wurde – von denen freilich v. a. die größeren Vollerwerbsbetriebe profitierten.

Die weiteren Aussichten? Verschiedene Szenarien sind denkbar, die v. a. von den Faktoren Landwirtschaft, Naturschutz und Tourismus / Naherholung beeinflusst werden.

Für ackerbaulich genutzte Flächen unterliegen seit der Mechanisierung der Landwirtschaft einem stärkeren Druck zur Zusammenlegung, um effizient bearbeitet werden zu können (Abb. 26): Die Kosten einer Flurbereinigung oder auch nur des Arrondierens der Flächen eines Eigentümers durch Zukauf benachbarter Flächen sollten dabei geringer sein, als der mittelfristig gesteigerte Profit durch effizienteren Einsatz von Traktoren, Erntemaschinen, Pflanzenschutzmittel etc. Blühstreifen an Feldrändern zeigen, dass in diese Kosten-Nutzen-Rechnungen mittlerweile auch die Aspekte von Artenvielfalt und Nachhaltigkeit einfließen können. Im extensiven Freizeit-Streuobstbau kann eine gute Gelegenheit gesehen werden, den modernen Menschen an agrarischer Nahrungsmittelproduktion teilhaben zu lassen und damit sowohl die Bindung an die eigene Kulturlandschaft als auch das ökologische Bewusstsein zu stärken.

Ist die Kulturlandschaft Bliesgau in ihrem jetzigen Zustand besonders schützenswert und daher zu konservieren? Sicher ist es sinnvoll, bedeutende Elemente der Kulturlandschaft als identitätsstiftende Bestandteile unseres kulturellen Erbes zu bewahren. Darüber hinaus kann der Wandel nicht aufgehalten, wohl aber gelenkt werden. Weil solches nicht gegen den Willen der Bewohner gehen kann, muss hier einerseits durch sensibilisierende Informationen ein Bewusstsein, ein öffentliches Interesse geschaffen werden, andererseits bedarf es gestalterischer Konzepte, die über die üblichen Raumordnungspläne und Regionalplanungen hinausgehen. Die Einrichtung des Biosphärenreservats Bliesgau im Jahr 2009 bietet hierfür eine gute Ausgangsposition.

Die Besonderheit der Kulturlandschaft Bliesgau liegt darin, dass hier (scheinbar) nichts besonders intensiv gemacht wird. Sie liegt weder an einem neuralgischen Verkehrsknotenpunkt, noch sind die landwirtschaftlichen Rahmenbedingungen optimal, und es mangelt an Bodenschätzen. Treffen jedoch begünstigende Faktoren aufeinander, blüht der Bliesgau wirtschaftlich und kulturell auf – wie in der jüngeren Eisenzeit, der Römerzeit und dem Hochmittelalter – und vielleicht im 21. Jh. durch nachhaltigen Tourismus?

Abb. 26: Für Ackerbau genutzte Flächen unterliegen seit der Mechanisierung der Landwirtschaft einem stärkeren Druck zur Zusammenlegung, um effizient bearbeitet werden zu können.

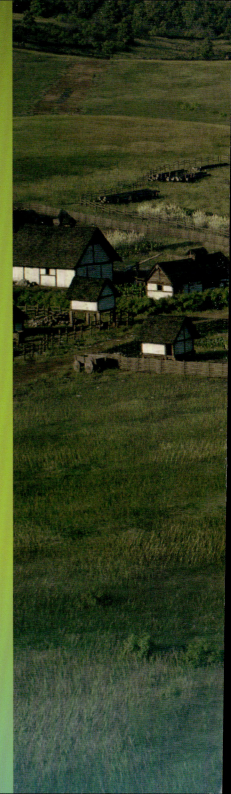

Geschichte

Von den ersten Menschen bis zu den Kelten

Vom Faustkeil zum Keltenschatz

von Andreas Stinsky

Seite 44–45:
s. Abb. 39, S. 53.

Seite 46:
Abb. 27: Der bei Blieskastel auf einer Anhöhe stehende Gollenstein wurde aus unbekannten Gründen vor etwa 4.500 bis 4.000 Jahren errichtet und stellt den größten Menhir Mitteleuropas dar.

Abb. 28: Ein etwa 2.700 Jahre alter Grabhügel bei Breitfurt.

Wann die ersten Vertreter der Gattung Homo erstmals den Boden der Landschaft betraten, die wir heute Bliesgau nennen, weiß niemand. Die erste Menschenart, die vor etwa 600.000 Jahren nördlich der Alpen einwanderte, wird als *Homo erectus* bzw. *heidelbergensis* bezeichnet. Die genaue Zuordnung und Entwicklungsgeschichte wird in der Forschung noch diskutiert. Aus dem *Homo heidelbergensis* entwickelte sich vor rund 200.000 Jahren der Neandertaler (*Homo neanderthalensis*). Vor etwa 40.000 bis 35.000 Jahren erreichte dann eine neue, aus Afrika eingewanderte Art Mitteleuropa, die wir als *Homo sapiens* (dt. weiser Mensch) bezeichnen und der Sie als Leser dieses Buches vermutlich angehören.

Die Geschichte der frühesten Menschenarten lässt sich im Bliesgau nicht fassen. Allein vereinzelt von Äckern aufgelesene Steinwerkzeuge mit Schlagspuren deuten an, dass bereits in frühen Zeiträumen Vertreter nicht zuordenbarer Arten entlang der Blies unterwegs waren. Nach dem Aussterben des Neandertalers vor etwa 30.000 Jahren verblieb als einzige Menschenart allein der *Homo sapiens*.

Nach der Verwendung bestimmter Materialien wird die Menschheitsgeschichte vor Beginn unserer Zeitrechnung (v. Chr.) in die Epochen Stein-, bisweilen Kupfer-, Bronze- und Eisenzeit untergliedert.

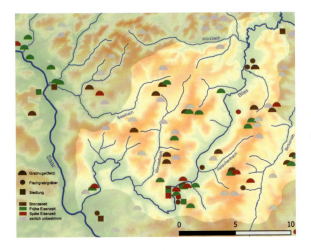

Um 5300 v. Chr. kam neben den Jägern und Sammlern eine neue Lebensweise, nämlich die des sesshaften Bauern, auf. Die Menschen waren nun ortsgebunden, kultivierten diverse Pflanzen und domestizierten eine ganze Reihe von „Nutztieren". Diese Phase in der Menschheitsgeschichte ging mit einem einschneidenden Wandel in zahlreichen Lebensbereichen, wie u. a. auch der religiösen Vorstellungswelt, einher. Durch Rodungen, um Acker- und Weideland zu gewinnen, griff der Mensch erstmals auch massiv in das Natur- und Landschaftsbild ein: Hier liegt die Wurzel der Herausbildung der späteren Kulturlandschaft.

Ab der mittleren Bronzezeit (1600–1250 v. Chr.) ist im Bliesgau anhand von Gräbern erstmals eine dichtere Besiedlung nachweisbar. Die Grabfunde, aus denen sich deutlich eine soziale Elite ablesen lässt, verweisen auf ein hierarchisch gegliedertes Gesellschaftssystem.

Um 800 v. Chr., mit dem Beginn der Eisenzeit, lässt sich in Mitteleuropa und auch dem Bliesgau anhand einheitlicher Funde eine archäologische Kultur nachweisen, die als Kelten bezeichnet wird. Die Besiedlung des Bliesgaus verdichtete sich zu dieser Zeit nochmals, wie eine Vielzahl von Grabhügelfeldern in der gesamten Region andeutet (Abb. 29). Spätestens um 400 v. Chr. bildete sich im unteren Tal der Blies bei Reinheim ein kleinregionales Machtzentrum heraus. Der Wohlstand der hier zentralen Persönlichkeiten fußte vermutlich auf umfangreichem Landbesitz sowie der Kontrolle eines wichtigen Handelsweges. Wer vom Lothringischen Plateau kommend das Bliestal auf schnellstem Weg nach Norden passieren wollte, musste am Reinheimer Talkessel vorbei, wodurch diesem handelsstrategisch eine wichtige Rolle zukam. Vermutlich stellte Salz eines der wichtigsten Handelsgüter dar, das damals im lothringischen Seilletal in nahezu industriellen Salinen produziert wurde. Vom Wohlstand der Reinheimer Elite zeugt das 1954 entdeckte Grab einer Frau, die um 370 v. Chr. u. a. mit zahlreichem

Abb. 29: Karte der bekannten Fundplätze aus der Bronze- und Eisenzeit. Die Verbreitung zeigt, dass der Bliesgau seit mindestens 3.500 Jahren dicht besiedelt ist.

Abb. 30: Rekonstruktion der Grabkammer der keltischen Fürstin von Reinheim, 370 v. Chr.

Goldschmuck, Bernstein, Korallen, Glasperlen und einer mit Wein gefüllten Kanne unter einem 21 m breiten und vermutlich fast 5 m hohen Grabhügel beigesetzt wurde (Abb. 30–31). Das Grab zählt zu den reichsten bekannten Bestattungen dieser Zeit in ganz Mitteleuropa.

Im Bliesgau und der Gegend des heutigen Lothringens war am Ende der Eisenzeit der keltische Stamm der Mediomatriker (lat. *mediomatrices*) ansässig. Der Hauptort des Stammes war das heutige Metz. Gallien und damit auch der Bliesgau wurde während des Gallischen Krieges (58–51 v. Chr.) unter Gaius Iulius Caesar (100–44 v. Chr.) von den Römern erobert und ins Römische Reich integriert.

AUSFLUGTIPPS: SEHENSWÜRDIGKEITEN AUS DER VORGESCHICHTE	
Blieskastel	Menhir Gollenstein (3. Jt. v. Chr.)
Reinheim, Europäischer Kulturpark	Keltisches Fürstinnengrab (370 v. Chr.)
Wolfersheim, Schorrenwald	Grabhügel (8.–6. Jh. v. Chr.)

Abb. 31: Der Goldschmuck der keltischen Fürstin von Reinheim zählt zu den qualitativ hochwertigsten Funden aus der Eisenzeit in ganz Europa, 370 v. Chr.

Der Bliesgau in der Römerzeit

Eine dicht besiedelte Kulturlandschaft

von Andreas Stinsky

Seite 52:
Abb. 33: Die palastartige Villa bei Reinheim zählt überregional zu den größten bekannten Landgütern aus römischer Zeit. Sie stellt das ländliche Domizil eines politisch und wirtschaftlich einflussreichen Großgrundbesitzers dar.

Abb. 34: Die Karte zeigt die bislang bekannte Besiedlung des Bliesgaus in römischer Zeit. So dicht wie zwischen dem 2. und 4. Jh. n. Chr. war die Gegend zu keiner anderen Zeit besiedelt, wobei die Siedlungen fast ausschließlich Einzelhöfe darstellten.

Abb. 35: Rekonstruktion des typischen Erscheinungsbildes einer römischen villa rustica in der Region.

Nach der Eroberung durch die Römer 51 v. Chr. änderte sich für die Menschen an der Blies zunächst nicht viel. Archäologisch lässt sich erst ab den ersten Jahrzehnten des 1. Jhs. n. Chr. ein stärkerer römischer Einfluss nachweisen. Administrativ lag die Region in der Provinz *Gallia Belgica*, in der sich die alten keltischen Stämme weiterhin selbst verwalten durften. Der Bliesgau gehörte zur *civitas Mediomatricorum*, der Stammesgebietskörperschaft der Mediomatriker (lat. *mediomatrici*), deren Hauptort Metz / *Divodurum* blieb. Die einheimischen Kelten nahmen nach und nach Elemente der römischen Kultur wie die lateinische Sprache oder die Architektur an, wodurch eine gallo-römische Mischkultur entstand.

Um 40 n. Chr. entstanden an der unteren Blies zwischen Bliesbruck und Reinheim eine Ortschaft mit kleinstädtischem Gepräge (Abb. 32) sowie ein Landgut mit palastartigen Ausmaßen (Abb. 33). Der antike Name der Ortschaft bei Bliesbruck ist nicht überliefert. Mit schätzungsweise 700 bis 2.000 Einwohnern nahm dieser *vicus* (Straßensiedlung ohne Stadtrecht) eine zentralörtliche Rolle ähnlich eines Gemeindehauptortes mit einem Einzugsgebiet von etwa 10 km ein. In der Siedlung lebten ausschließlich Handwerker, Gastronomen und Händler. Mit beachtlich großen Thermen sowie einem öffentlichen Platz mit Markthalle und repräsentativer Brunnenanlage orientierte sich die Infrastruktur der Siedlung an der von Städten.

Das palastartige Landgut am Rand der Ortschaft beim heutigen Reinheim nahm eine Fläche ein, die zehn Fußballfeldern entspricht, und wies ein herrschaftliches Hauptgebäude mit 2.600 m² auf, das in seiner Ausstattung Luxusvillen im Mittelmeerraum gleichkam. Die Besitzer dieses Gutes verfügten über einen großen

Landbesitz, den kleinere, vermutlich abhängige Höfe bewirtschafteten. Die Eigentümer dieser Palastvilla zählten zur gesellschaftlichen und sicherlich auch politischen Elite in der gesamten Provinz.

Neben dem *vicus* beim heutigen Bliesbruck existierten im Bliesgau ausschließlich Einzelhöfe, sog. *villae rusticae*, die dicht verteilt auf den Flussniederterrassen oder auf halber Höhe an den Hängen in direkter Nachbarschaft von Frischwasser führenden Quellmulden lagen. Wie auch in anderen Regionen lassen sich bei diesen Bauernhöfen im Bliesgau in römischer Zeit perlschnurartige Siedlungsketten nachweisen, bei denen zwischen den Höfen in der Regel gerade einmal etwa 500 m liegen (Abb. 34). Bislang sind ca. 160 römische *villae rusticae* im Bliesgau bekannt. Eine

Abb. 32: Beim heutigen Bliesbruck bestand zwischen etwa 40 und 450 n. Chr. eine Ortschaft mit kleinstädtischem Gepräge, deren antiken Namen wir nicht kennen.

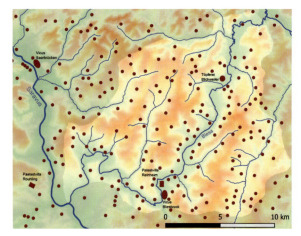

solche Siedlungsdichte bestand, einschließlich heute, im Bliesgau zu keiner anderen Periode. Um 200 n. Chr. dürften in der Gegend 3.000 bis 5.000 Menschen gelebt haben.

Diese Einzelhöfe setzten sich in der Regel aus einem herrschaftlichen Herrenhaus sowie diversen Wirtschaftsgebäuden zusammen (Abb. 35). Bemerkenswert ist, dass die Haupthäuser dieser Bauernhöfe standardmäßig eine prachtvolle Architektur mit Säulengang, bunten Fresken, Estrichböden, Fußbodenheizungen, komfortablen Bädern und Marmorelementen aufwiesen. Trotz eines beschwerlichen Landlebens so viel Wert auf eine aufwendige ästhetische Ausgestaltung des Wohnumfelds zu legen, ist eine kulturelle Eigenheit, die so in der Geschichte der Region einzigartig ist. Überreste dieser Höfe finden sich mehrfach auf der Gemarkung jedes Ortes im Bliesgau (Abb. 36). Für die Betriebsareale dürfen Flächen zwischen 30 und 90 ha angenommen werden.

Im heutigen Blickweiler bestand eine Industriesiedlung, in der massenhaft hochwertiges Tafelgeschirr hergestellt wurde. Die Blickweiler Produkte wurden von Britannien bis an die mittlere Donau vertrieben, wie es sich durch Herstellerstempel belegen lässt. Diesen Titel als erstes nachweisbares, überregional agierendes Wirtschaftsunternehmen teilt sich die Töpferei von Blickweiler mit einem noch nicht näher lokalisierbaren Ziegeleibetrieb im Mündungsbereich der Blies in die Saar. Dort ließ ein gewisser Quintus Valerius Sabellus massenhaft Dachziegel produzieren, die vom Oberlauf der Saar bis an den Niederrhein vertrieben wurden.

Nach einer Blütephase vom späten 1. bis ins frühe 3. Jh. n. Chr. führten Bürgerkriegswirren und Germaneneinfälle zu einem allmählichen Niedergang des Wohlstandes.

Ab der Mitte des 4. Jhs. n. Chr. kam es schließlich reihenweise zur Aufgabe zahlreicher Einzelhöfe und der *vicus* bei Bliesbruck schrumpfte zu einer weilerartigen Siedlung. Es scheint, dass der Staat dem Brachfallen landwirtschaftlicher Flächen und dem Niedergang anderer Wirtschaftsfaktoren punktuell durch die Ansiedlung Ortsfremder entgegenzuwirken versuchte, wie Funde germanischstämmiger Neusiedler, wie etwa ein Grab aus Wolfersheim, andeuten. Das Ende des *vicus* um 450 n. Chr. markierte schließlich auch den endgültigen Zusammenbruch des gallo-römischen Besiedlungsbildes. Wenig später, 476 n. Chr., kam auch das Ende des Weströmischen Reiches.

AUSFLUGTIPPS: SEHENSWÜRDIGKEITEN AUS DER RÖMERZEIT

Bliesbruck-Reinheim, Europäischer Kulturpark	Palastvilla und *vicus* mit Thermen, 1.–5. Jh. n. Chr.
IM UMLAND	
Schwarzenacker, Römermuseum	*vicus*, 1.–5. Jh. n. Chr.
Kirkel, Kirkeler Wald	Keller eines Gehöftes, 1.–2. Jh. n. Chr.
Sarreinsming, Grosswald	*villa rustica*, 1.–4. Jh. n. Chr.
Saarbrücken, am Silo und Halberg	Keller von Vicushäusern, 2.–4. Jh. n. Chr., Mithrasheiligtum, 3.–4. Jh. n. Chr., Fundamentreste eines Kastells, 4. Jh. n. Chr.

Abb. 36: *Auf der Gemarkung jedes Ortes befinden sich mehrere Fundstätten römischer Villen. Das Foto zeigt die Überreste eines Säulengangs in einer villa rustica bei Erfweiler-Ehlingen.*

Abb. 37: *Eine der zwei 1887 in einem ehemaligen römischen Steinbruch bei Breitfurt gefundenen Reiterstatuen aus Sandstein. Sie stellen mit fast 3 m Höhe die größten aus der Antike bekannten nördlich der Alpen dar. Wen die unvollendeten Skulpturen darstellen sollen, ist unklar.*

Das Frühmittelalter

Neue Siedler schaffen die Grundlage für das heutige Besiedlungsbild

von Andreas Stinsky

Nach dem Zusammenbruch der römischen Verwaltung und des bis dahin bestehenden Besiedlungsbildes übernahmen die Franken die Herrschaft zwischen Main und Ärmelkanal. Der Bliesgau wurde von fränkischen Neuankömmlingen aufgesiedelt, die sich in der Gegend erstmals zu Beginn des 6. Jhs nachweisen lassen. Dass sich nach der Spätantike nicht bereits früher wieder eine Besiedlung nachweisen lässt, scheint auf eine Forschungslücke und nicht auf eine historische Realität zurückzuführen zu sein, da es kaum vorstellbar ist, dass der fruchtbare Bliesgau für ein halbes Jahrhundert menschenleer gewesen sein soll.

Die Franken stellten ein noch recht junges Volk dar, dessen Bevölkerung aus verschiedenen Gegenden stammte. Dies spiegelt sich auch in den archäologischen Funden im Bliesgau wider, da manche Trachtteile darauf hindeuten, dass ihre einstigen Träger aus dem nördlichen Alpenvorraum kamen, andere hingegen, dass die Herkunftsgegend der zugehörigen Personen im Rhein-Main-Gebiet zu suchen ist. Wie groß der Anteil der verbliebenen galloromanischen Bevölkerung war, lässt sich nicht ermitteln. Da an der Blies jedoch nur ein Ortsname überdauert hat, der im Lateinischen wurzelt, scheinen die Romanen im Unterschied etwa zum Trierer Raum hier nur noch eine Minderheit dargestellt zu haben. In dieser Periode liegt auch der Ausgangspunkt der heutigen deutsch-französischen Sprachgrenze

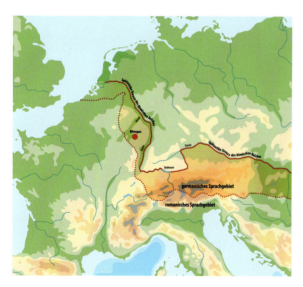

(Abb. 38). Während die fränkischen Neusiedler nun bis auf halbe Strecke nach Metz die größte Bevölkerungsgruppe ausmachten, dominierten weiter nach Südwesten immer noch die Latein sprechenden Romanen. Dazwischen entwickelte sich in der Folge die bis heute bestehende Sprachgrenze. Im Verlauf des Frühmittelalters bildeten sich in fast ganz Europa aus einem bunten Bevölkerungsmix neue Gesellschaften heraus.

Die neuen Landstriche an Blies und Saar wurden an den Adel vergeben, der deren Aufsiedlung durch Untertanen förderte, um das wirtschaftliche Potenzial der neuerschlossenen Gegenden bestmöglich auszuschöpfen. Auf diese Weise entstand im 6. und 7. Jh. ein völlig neues Besiedlungsbild (Abb. 39), das von dem raumplanerischen Muster aus römischer Zeit deutlich abwich. Die damals gegründeten Siedlungen entstanden nicht mehr auf den mittleren Hanglagen, sondern in direkter Nachbarschaft zur Blies und den größeren Bachläufen auf den Talsohlen oder in Quellmulden von Seitenbächen. Allein die frühmittelalterlichen Gründungen Biesingen und Kirchheim, der heutige Kirchheimer Hof, fallen mit ihrer Lage auf einem Höhenrücken

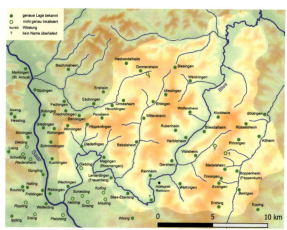

bzw. auf einer Hangterrasse heraus. Im Unterschied zur römischen Zeit beschränkten sich die frühmittelalterlichen Siedler auch auf das Muschelkalkgebiet und mieden die Buntsandsteinregion nördlich des heutigen Blieskastels.

Dörfer, die in dieser Phase gegründet wurden, enden in der Regel auf -heim oder -ingen (Abb. 40). Dies zeigt sich insbesondere darin, dass sich Grabfunde des 6. und 7. Jhs. fast ausschließlich bei diesen Orten finden. Webenheim stellt unter den -heim-Orten ein „Kuckuckskind" dar. Die erste überlieferte Erwähnung des Ortes nennt diesen noch *Weibenau*. Erst in den nachfolgenden Jahrhunderten glich man die Endung des Ortsnamens an. Der erste Bestandteil der Siedlungsnamen stellt meist die Abwandlung eines Personennamens wie bspw. Herobod (Herbitzheim) oder Wolfhari (Wolfersheim) dar. Hinter diesen Namen könnten historisch anonyme Per-

Abb. 39: So darf man sich das Erscheinungsbild der Bliesgaudörfer im Frühmittelalter (6.–8. Jh.) vorstellen. Fast alle der heutigen Dörfer entstanden in dieser Zeit.

Abb. 40: Die Karte zeigt die Besiedlung, soweit sie bekannt ist, im Bliesgau während des 6. und 7. Jhs., als die Orte gegründet wurden, die auf -heim und -ingen enden.

Abb. 41: Das Grab einer wohlhabenden Frau, die im 7. Jh. bei Altheim in der ältesten bekannten Kirche des Bliesgaus beigesetzt wurde.

sonen niederen Adels oder von diesen eingesetzte Verwalter stehen, auf welche die Siedlungsgründung zurückzuführen ist. Standardisierte Ortsnamen mit topografischen Bezügen wie Dalheim („Heim im Tal") oder Kirchheim verweisen dagegen auf königlichen Landbesitz.

Die meisten der -heim- und -ingen-Orte bestehen bis heute und sind somit 1.400 bis 1.500 Jahre alt – ein Umstand, der meist übersehen wird, wenn man sich für dörfliche Jubiläumsfeiern regelmäßig nur an den urkundlichen Ersterwähnungen orientiert, die meist Jahrhunderte nach der eigentlichen Gründung datieren. Die Grundlage des heutigen Besiedlungsmusters im Bliesgau liegt also im Frühmittelalter. Zusammen mit der deutsch-französischen Sprachgrenze prägen die Nachwirkungen dieser Epoche bis heute die Alltagswelt.

Wie die frühmittelalterlichen Siedlungen aussahen und wie groß sie waren, wissen wir nicht. Mit Sicherheit variierten Aussehen und Größe von Siedlung zu Siedlung. Durch frühmittelalterliche Grabungsbefunde aus dem südwestdeutschen und nordfranzösischen Raum, die meist übereinstimmende Grundmuster aufweisen, darf auch für die frühmittelalterlichen Siedlungen im Bliesgau angenommen werden, dass sie aus kleineren beieinanderstehenden Höfen bestanden (s. Abb. 39). Dabei dürfte deren Anzahl selten mehr als ein Dutzend betragen haben. In Altheim konnte fast der gesamte Friedhof des 6./7. Jhs. ausgegraben werden. Die 119 Bestattungen, die hier über einen Zeitraum von mehr als 100 Jahren erfolgten, zeigen an, dass die zugehörige Siedlungsgemeinschaft pro Generation etwa 30 bis 35 Mitglieder zählte, was, je nachdem wie viele Kinder und Großeltern man im Haushalt annimmt, vielleicht vier bis sieben Familien und ebenso viele Höfe ergibt. Dies gibt eine ungefähre Vorstellung der Größe Altheims vom 6. bis 8. Jh.

Typisch für diese Periode sind Reihengräberfelder, bei denen, wie der Name schon sagt, die Grabgruben wie bei heutigen Friedhöfen in Reihen angeordnet wurden.

Im mittleren 7. Jh. ist die erste Kirche im Bliesgau nachweisbar. Es handelte sich um einen etwa 8 × 4,50 m großen Holzbau, der bei Altheim, vermutlich als Eigen-

GESCHICHTE

bzw. Grabkirche, inmitten eines Gräberareals errichtet wurde. Innerhalb des Gebäudes waren zwei Frauen bestattet worden, von denen eine als besonders kostbare Grabbeigabe eine Goldfibel trug (Abb. 41).

Gegen Ende des 7. Jhs. verschwand nach und nach der Brauch, den Verstorbenen Beigaben mit ins Grab zu geben. Vermutlich ist dahinter ein zunehmend christlicher Einfluss zu sehen. Um 700 gerieten auch die Reihengräberfelder außer Nutzung. Die neuen Friedhöfe lagen in unmittelbarer Nachbarschaft der nun innerhalb der Siedlungen gegründeten Kirchen. Diese stellten nun nicht mehr reine Eigenkirchen der Oberschicht dar, sondern dienten offenbar dem Siedlungskollektiv zur Nutzung. Nach der Gründung des nahe gelegenen Klosters Hornbach, damals *Gamundias* genannt, in der Pfalz um 741 beschleunigte sich aufgrund missionarischen Eifers der Mönche die Ausbreitung des christlichen Glaubens.

Unter den frühmittelalterlichen Gräbern im Bliesgau fällt ein Grab aus dem ausgehenden 7. Jh. besonders auf. Es wurde auf dem Homerich, einer Anhöhe bei Reinheim, bei Ausgrabungen entdeckt und bestand aus einem großen Grabhügel, unter dem ein Mann beigesetzt worden war. In einer Seitenkammer fand man die Skelette von vier Pferden und zwei großen Jagdhunden. Das Wissen um das reiche Grab hat sich in einer regionalen Sage erhalten, nach der auf dem Hügel ein König namens Humarich begraben worden sein soll. Der betreffende Mann war zwar ziemlich sicher kein König, stellte aber ohne Zweifel eine überregional bedeutende Persönlichkeit dar, über deren Grabbau ein nicht näher ermittelbarer Bezug in den thüringischen Raum hergestellt werden kann.

Im 7. und 8. Jh. kam es zu einem Bevölkerungswachstum, in dessen Folge zahlreiche weitere Siedlungen gegründet wurden, für welche die Endung -weiler charakteristisch ist und die bis heute die zweitgrößte Ortsnamengruppe im Bliesgau darstellen.

Das Mittelalter

Dörfer, kleine Burgen und ein Kloster

von Andreas Stinsky

Spätestens im 8. Jh. entstand der Name Bliesgau, wie Urkunden vom Ende des Jahrhunderts mit der lateinischen Nennung eines *pagus Blesinse* bezeugen. Im darauffolgenden Jahrhundert sind dann die ersten althochdeutschen Namensformen wie *Blisgowe* anzutreffen. Der Gau umfasste im Frühmittelalter das gesamte Einzugsgebiet der Blies und reichte nach Westen zeitweise sogar bis an die Rossel. Nach der Verwaltungseinheit wurde schließlich auch die Landschaft benannt.

Vom 8. bis ins 11. Jh. nahm Habkirchen als Verwaltungsort eine wichtige Rolle ein. Der in den Schriftquellen erstmals 819 als *Apponis Ecclesia* (dt. Kirche des Abbo) erwähnte Ort besaß damals schon eine Kirche, lag in königlichem Besitz und fungierte als Residenz des ersten im Bliesgau überlieferten Adelsgeschlechts, der Bliesgaugrafen. Diese verlagerten ihren Sitz im Laufe des 11. Jhs. weiter flussaufwärts, wo sie in einer handels- und verteidigungsstrategisch besseren Lage auf dem Schlossfelsen des heutigen Blieskastels eine größere Burg, ein *Castel*, errichteten, unter der sich danach allmählich das heutige Städtchen entwickelte.

Im 9. Jh. wurde in Böckweiler auf den Ruinen einer römischen Villa eine erstaunlich große dreischiffige Kirchenbasilika errichtet, deren konservierte Fundamente besichtigt werden können. An die Kirche war ein Gebäudekomplex angeschlossen, bei dem es sich vermutlich um eine kleinere Klosterfiliale, ein Priorat, des Klosters Hornbach handelte.

Seite 58:
Abb. 42: Die sich über der Blies erhebende Burgruine von Frauenberg.

Abb. 43: Die Böckweiler Stephanuskirche stammt in ihrer heutigen Form aus dem 12. Jh., geht jedoch auf mindestens zwei ältere Vorgängerbauten aus dem 9. und 11. Jh. zurück.

Eine ähnliche Filiale des Klosters Wadgassen an der Saar wurde später in Wintringen, dem heutigen Wintringer Hof, erbaut. Im 11. Jh. wurde die Böckweiler Kirche abgerissen und durch einen Neubau ersetzt. Die heute zu sehende Anlage mit ihrem sehr seltenen Dreikonchenchor stammt hingegen aus dem mittleren 12. Jh. (Abb. 43).

Mit Beginn des Hochmittelalters entstanden in immer mehr Dörfern Kirchen oder ersetzten an Ort und Stelle ältere Vorgänger. Durch spätere An- und Umbauten, insbesondere im Zeitalter des Barocks, haben sich von den meisten mittelalterlichen Kirchen lediglich die Türme bzw. Turmuntergeschosse erhalten, wie gotische Fensterlaibungen verraten. Dies trifft insbesondere auf die Kirchen von Wolfersheim, Altheim, Mimbach, Medelsheim (Abb. 44a/b), Blickweiler und Habkirchen zu. Die besterhaltenen mittelalterlichen Sakralbauten des Bliesgaus stellen die Stephanuskirche in Böckweiler, die protestantische Kirche von Walsheim sowie die Kapelle auf dem Wintringer Hof (Abb. 45) dar. Einer der bedeutendsten mittelalterlichen Kirchenbauten des Bliesgaus, die Kirche des nach ihr benannten Kirchheims, heute Kirchheimer Hof, verfiel im 17. Jh. und wurde so gründlich abgerissen, dass heute nicht einmal mehr ihr genauer Standort bekannt ist. Von ihr stammt evtl. ein Sakramentshäuschen, das seit 1881 die Fassung der Ottilienquelle, ein ehemaliger Wallfahrtsort, ziert. Weitere gotische Sakramentshäuschen sind noch in den Kirchen von Habkirchen, Medelsheim, Reinheim und Ommersheim zu finden.

Besonderheiten unter den Kirchen stellen die drei von Reinheim (s. Abb. 127), Erfweiler (s. Abb. 129) und Bebelsheim (Abb. 46) dar. Ihre Türme muten äußerst wehrhaft an und wurden erst später mit einem Kirchenschiff verbunden. Daher könnten sie einst zu kleinen befestigten Wohnsitzen gehört haben, wofür auch in allen drei Orten überlieferte Rittergeschlechter sprechen, oder wurden als spezielle Wehrkirchen erbaut. Für den Bebelsheimer Turm ist bereits 1267 eine Nutzung als

Sakralbau und für den Reinheimer ab 1316 belegt. In letzterem hat sich ein Sakramentshäuschen mit der Jahresinschrift 1488 erhalten. Ursprünglich wiesen diese beiden Türme nicht eine spitze Dachhaube, sondern eine Steinkuppel auf.

Die politischen und territorialen Besitzverhältnisse des Mittelalters und der Frühen Neuzeit waren sehr komplex und einem ständigen Wandel unterzogen. Das sog. Lehnswesen funktionierte so, dass das Erzbistum Trier und das Bistum Metz Adelsfamilien mit den zahlreichen Grafschaften und Burgen belehnten. Die Grafen wiederum konnten einzelne Ritter mit Burgen und Land belehnen, wofür diese im Kriegsfall im Dienste der Grafschaft stehen mussten. So bestand ein streng hierarchisch gegliedertes Gesellschaftssystem mit engen politischen Verflechtungen.

Zu den im frühen 12. Jh. aus den Saargaugrafen hervorgegangenen Grafen von Saarbrücken, die zu den mächtigsten Adelsgeschlechtern links des Rheins zählten, reihten sich die bereits erwähnten, im 13. Jh. ausgestorbenen Bliesgaugrafen sowie die Grafen von Zweibrücken, die am Ende des 12. Jhs. aus einer Erbteilung der Saarbrücker Grafen hervorgegangen waren. Bis an den Unterlauf der Blies und Altheim im Bickenalbtal reichte das Herrschaftsgebiet der Herzöge von Lothringen bzw. der Herrschaft Bitsch. Daneben mischten in dem territorialen „Flickenteppich" weitere, aus Erblinien der Herrscherhäuser entstandene und nur für kurze Zeit bestehende Grafschaften mit. Das Geschlecht der Bliesgaugrafen starb 1237 aufgrund fehlender männlicher Nachkommen aus, wonach für Jahrhunderte auch die Bezeichnung Bliesgau außer Gebrauch kam. Zu den zahlreichen Familien niederen Adels im Hochmittelalter aus dem Bliesgau zählen u. a. die nach ihren Wohnsitzen benannten Herren von Reinheim, Erfweiler, Bebelsheim, Mengen, Brücken oder Blumenau beim heutigen Brenschelbach.

Neben der Burg in Blieskastel, die den Hauptsitz der dortigen Grafschaft bildete, entstanden im Laufe des 13. und 14. Jhs. weitere in Bliesmengen, Bliesbruck, Frauenberg und Medelsheim (Abb. 47). Während letztere den Grafen von Zweibrücken gehörte, waren die drei anderen im Besitz der Herzöge von Lothringen, die sie als Lehen an Rittergeschlechter vergaben. Bei der Burg von Mengen handelte es sich um eine Wasserburg, deren Graben von der vorbeifließenden Blies gespeist wurde. Die Reste des Wassergrabens wurden erst nach dem Zweiten Weltkrieg beim Bau eines Wohnhauses verfüllt.

Burgen im Bliesgau

BURG	HIST. NAME	BURGTYP	ERSTER-WÄHNUNG	UMBAU ZU SCHLOSS	LETZTMALS BEWOHNT
Blieskastel	Castel	Spornburg	1098	1661/62	1793
Bliesmengen-Bolchen	Mengen	Wasserburg	1294	?	vor 1598
Medelsheim	Medelsheim	?	1334	?	nach 1576
Frauenberg	Frowenburg	Hangburg	1370	nach 1686	18. Jh.
Bliesbruck	Brücken	Hangburg	?	–	Mitte 13. Jh.(?)

1243 gab die Gräfin Elisabeth von Blieskastel den Auftrag, in einem schmalen Seitental der Blies beim Dorf Bolchen ein Kloster zu errichten. Dieses wurde von Mönchen des Wilhelmiterordens besiedelt und war somit eines der ersten Klöster dieses Ordens auf deutschem Boden. Fortan wurde das kleine Tal Gräfinthal genannt. Nach dem Tod der Gräfin 1273 wurde die von ihr gestiftete Klosterkirche auch ihre letzte Ruhestätte. Der Ausgangspunkt der Klostergründung soll einer Legende nach gewesen sein, dass die Gräfin in der Nähe des späteren Klosters zur Heilung eines Augenleidens vor einem Marienbild gebetet habe, das kunstvoll von einem zum Eremiten gewordenen Ritter gefertigt worden sein soll. Tatsächlich sei eine Heilung eingetreten, weshalb später dieses Marienbild ein zentrales Ausstattungselement der Klosterkirche darstellen sollte. Bei diesem handelt es sich um eine Pietà, eine Figur Marias, die den vom Kreuz abgenommenen Leichnam Jesu Christi im Schoß hält. Die 80 cm hohe, aus Eichenholz geschnitzte und farbig gefasste Figur befindet sich heute in der Heilig-Kreuz-Kapelle in Blieskastel. Im Leib Jesu stecken fünf Spitzen von Pfeilen, die von einer Räuberbande aus Verärgerung auf das Bildnis abgeschossen worden sein sollen, weil sie bei einem Überfall des ritterlichen Eremiten keine Wertsachen fanden. Die Gräfinthaler Pietà ist eine der ältesten, die es überhaupt gibt. Aus der Herzwunde soll Blut geflossen sein, durch das ein Blinder wieder sein Sehvermögen zurückgewonnen habe. Aus dieser Legende heraus entwickelte sich Gräfinthal zu einem Wallfahrtsort.

Im Laufe des Spätmittelalters dürfte Blieskastel das Stadtrecht erhalten haben, wobei das Datum unbekannt ist.

Im 14. Jh. führten mehrjährige klimatisch bedingte Missernten sowie Pestepidemien zu einem drastischen Bevölkerungsrückgang. Eine hohe Zahl an kleineren Siedlungen wurde aufgegeben und auch später nicht mehr wiederbesiedelt. Hierfür war in erster Linie eine durch die Epidemien ausgelöste Landflucht in die wenigen Städte verantwortlich. Denn zum einen fehlte es in den Zentren aufgrund der erhöhten Sterberaten zunehmend an Arbeitskräften im Handwerk, bei dem bessere Löhne als für Landarbeit gezahlt wurden. Zum anderen sank durch den Bevölkerungsrückgang zeitgleich die Nachfrage an landwirtschaftlich erzeugten Produkten, sodass für viele Bauern nur der Wegzug in die Stadt blieb. Zu den im Spätmittelalter untergegangenen Siedlungen zählen bspw. Eckingen bei Medelsheim, Rüsselsheim bei Böckweiler oder Sterweiler bei Bliesdalheim.

Ab 1456 erlangte das Adelsgeschlecht der von der Leyen erstmals Rechte und Güter in Blieskastel, was für die spätere Entwicklung der Stadt noch von großer Bedeutung sein sollte.

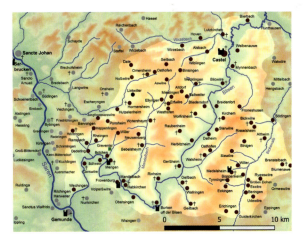

Frauenberg	Burgruine, 14.–17. Jh.
Reinheim, Kirche St. Markus	Wehrturm mit Pechnase, 12. Jh., und Sakramentshäuschen von 1488
Erfweiler-Ehlingen, Kirche St. Mauritius	Wehrturm, 12. Jh.
Bebelsheim, Kirche St. Margeratha und St. Quintin	Wehrturm, 12. Jh.
Böckweiler	Stepahnuskirche mit Dreikonchenchor, 12. Jh.
Kleinblittersdorf, Wintringer Hof	Wintringer Kapelle, 15. Jh.
Medelsheim, Kirche St. Martin	Gotischer Altaufsatz, um 1430
Breitfurt, Kirchheimer Hof, Ottilienquelle	Gotisches Sakramentshäuschen
Habkirchen, Kirche St. Martin	Sakramentshäuschen, 14. Jh.
Ommersheim, Kirche Mariä Heimsuchung	Sakramentshäuschen, 15. Jh.
Blieskastel, Heilig-Kreuz-Kapelle	Marienskulptur aus dem 14. Jh.
Walsheim, evangelische Kirche	12. Jh., Chor 1289
Altheim, Kirche St. Andreas	Glockenturm, 14. Jh. und 1499

IM UMLAND

Kirkel	Burg, 11.–17. Jh.
Wörschweiler	Klosterruine, 12.–16. Jh.
Hornbach	Kloster, 8.–16. Jh.

Die Frühe Neuzeit und der Dreißigjährige Krieg

Die Region brennt und wird fast entvölkert

von Andreas Stinsky

Ab ca. 1512 wurde die Herrschaft Blieskastel durch Friedrich von Eltz (1484–1556) aus dem alten Adelsgeschlecht, dessen Stammsitz Burg Eltz in der Vordereifel ist, als Amtmann verwaltet und 1535 als Lehen übernommen. Daneben erwarben die von Eltz auch umfangreichen Eigenbesitz im Bliesgau. Bis 1663 prägte das Wirken dieser Familie für eineinhalb Jahrhunderte die Blieskasteler Gegend. Aus dieser Epoche stammt das von einem Trierer Bildhauer geschaffene Grabmal des Johann Adolf (1523–74), einem Sohn Friedrichs, sowie dessen Gemahlin Katharina von Brandscheid († 1592) in der Mimbacher Kirche (Abb. 48). Das Bildnis zählt zu den qualitätsvollsten Renaissancewerken in der Region.

Blieskastel war inzwischen mit einer Stadtmauer umwehrt und die Burg auf dem Schlossfelsen zu einer größeren Festung mit Vor- und Hauptburg mit überdachter Ringmauer und Wassergraben, mächtigem Bergfried, einem weiteren Turm, mehreren Wohn- und Wirtschaftsgebäuden, Stallungen sowie einer kleinen Kapelle gewachsen. Neben den von Eltz besaß seit dem mittleren 15. Jh. auch die Familie von der Leyen Teile der Burg, sodass hier für zwei Jahrhunderte in getrennten Wohngebäuden Angehörige zweier Adelsfamilien lebten – im Mittelalter und der Frühen Neuzeit keine Seltenheit.

Im September 1522 führte der Ritter Franz von Sickingen (1481–1523), der sich als Anführer mehrerer pfälzischer Ritter gegen die Landesherren auflehnte, eine Fehde gegen das Erzbistum Trier und nahm dabei nach einer Belagerung auch die Burg samt Siedlung von Blieskastel ein, wodurch beides größere Schäden durch Brände erlitt.

1553 wurde Blieskastel aus Geldnot des Trierer Erzbistums an die Grafen von Nassau-Saarbrücken verpfändet, in deren Besitz es bis 1634 verblieb. Danach kam das Amt Blieskastel wieder zum Erzbistum Trier.

1555 ließ der Sohn Friedrich von Eltz', Philipp Jacob, als Residenz für sich und seine Gemahlin in Wecklingen ein Schloss im Stil der Renaissance erbauen. Das ehemalige Dorf Wecklingen war damals seit Längerem nicht mehr bewohnt, nur eine bereits 300 Jahre alte Kirche erinnerte an die einstige Ortschaft. Der Schlossbau wurde trotz Bedenken des Vaters, die aufgekommen waren, weil der Trierer Kurfürst Einwände hatte, realisiert. Philipp Jacob scheint ohnehin recht eigenwillig gewesen

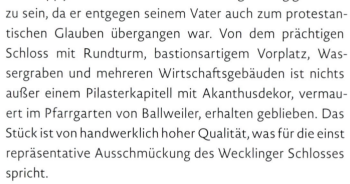

zu sein, da er entgegen seinem Vater auch zum protestantischen Glauben übergangen war. Von dem prächtigen Schloss mit Rundturm, bastionsartigem Vorplatz, Wassergraben und mehreren Wirtschaftsgebäuden ist nichts außer einem Pilasterkapitell mit Akanthusdekor, vermauert im Pfarrgarten von Ballweiler, erhalten geblieben. Das Stück ist von handwerklich hoher Qualität, was für die einst repräsentative Ausschmückung des Wecklinger Schlosses spricht.

Nach Philipp Jacobs Tod übernahm 1574 sein Sohn Friedrich die Herrschaft über das Amt Blieskastel. Er war ein überstrenger Regent mit despotischen Forderungen gegenüber seinen Untertanen, wie zahlreiche erhaltene Bittschriften an den Kurfürsten von Trier wie diese bezeugen:

„Wir armen und zu Grund und Boden verderbte und hochbedrängte Untertanen, die wir in dem verpfändeten Amt Blieskastel sitzen, erleben schon eine lange Weil die unchristlichen und greulichen Taten des Friedrich von Eltz; es drohen uns weiterhin Gefahren und Pfändungen. So bitten wir Euch um Hilfe. Wir hatten die Fron, die wir nicht zu entrichten haben, verweigert und wir sind von einer neuen Pfändung bedroht.

Abb. 48: Grabmal des Blieskasteler Lehnsherrn und Kirchenstifters Johann Adolf von Eltz (1523–74), und seiner Frau Katharina von Brandscheid (†1592), in der Mimbacher Christuskirche, geschaffen von einem Bildhauer namens Hans aus Trier. Es stellt eines der wenigen renaissancezeitlichen Denkmäler dar, die sich im Bliesgau erhalten haben.

So ist es dieser Tage geschehen, daß der von Eltz uns Ballweiler und Biesinger zu Hause, so wohl auch auf dem Feld, eingefallen ist und uns 12 Schweine aus der Herde genommen. Dieselben aus dieser Hoheit hat hinweg treiben lassen. Wir sind unserm Gut nachgefolgt und haben den Treibern auf freiem Feld unser Eigentum wieder abgenommen. Am folgenden Montag sind des von Eltz Helfer, mit dem Beistand Zweibrückischer Hofreiter und Soldaten mit ihren Musketen und sonst noch allerhand Gesindel, in unsere Dörfer eingefallen. Von den Soldaten waren 6 zu Pferd, darunter ein junger Edelmann und des Herzogs Pfennigmeister als Notar und neben diesen fünf fußgehende Soldaten mit ihren Musketen. Alle zusammen waren

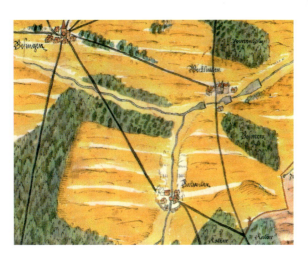

es etwa 20 zu Pferd und zu Fuß mit gewehrter Hand. Bei uns haben sie 19 Faselschwein und 9 Magerschwein, letztere gehörtem dem Bach Jacob von Ballweiler, dem häbigsten im Dorf und demselben ein Mastschwein, das er nun fast ein viertel Jahr schwerlich mit seiner Frucht gemästet hat, hinweggetrieben. Die Beute wurde dann an einen Kaufmann aus der Pfalz verkauft. Durch das Geld sollte unsere von dem Eltz vermeintlich nicht geleistete Frön bezahlt werden. Außerdem hat der von Eltz dem Kleinert zu Biesingen seinen Speicher aufgebrochen und was er vorfand, Erbsen, Speltzen und Mahlkorn nach Wecklingen mit der armen Leute eigener Pferde und Wagen fahren lassen. So hat er den Leuten das zum Leben notwendige genommen.

Wir bitten Kurfürstliche Gnaden uns vor solch gewaltsamer Tyranei zu beschützen." (StA. Koblenz 53 C) Nr. 26).

Abb. 49: Die 1564 vom Geometer Tilemann Stella vorgelegte Karte der Ämter Zweibrücken und Kirkel im Herzogtum Pfalz-Zweibrücken, die für den Großteil des Bliesgaus detailliert die damaligen Orte und Landschaft wiedergibt. Hier Ballweiler, Biesingen und Wecklingen.

1563 erhielt der Geometer Tilemann Stella (1525–89) den Auftrag im Herzogtum Pfalz-Zweibrücken die beiden Ämter Zweibrücken und Kirkel zu kartieren. Die Karte stellt die älteste detaillierte Wiedergabe der Orte und der Landschaft im Bliesgau dar (Abb. 49). Letztere hat sich demnach in den letzten 450 Jahren in ihren Grundzügen kaum verändert, wie Waldgrenzen, Wege etc. zeigen. Allein dies unterstreicht, was für ein kostbares Erbe die Kulturlandschaft des Bliesgaus darstellt.

Bereits ab 1533 wurde im Herzogtum Pfalz-Zweibrücken allmählich damit begonnen, eine protestantische Landeskirche mit aufzubauen, was 1557 in einer neuen Kirchenordnung gipfelte. Zweibrücken gehört damit zu den frühesten Territorialgebieten auf deutschem Boden, wo die reformatorische Idee zugelassen und gefördert

wurde. Ab 1574 war auch die Grafschaft Saarbrücken, die bis ins Saarbachtal reichte, evangelisch. Fortan hatten sich auch die Untertanen der Regenten zur neuen Konfession zu bekennen. Das Erzbistum Trier und das Herzogtum Loth-ringen blieben hingegen erzkatholisch. Dies hatte zur Folge, dass je nach Herrschaftsbereich die Einwohner eines Ortes allesamt katholisch, die des Nachbardorfes jedoch fortan alle protestantisch waren. Damalige politische Zugehörig-keiten prägen bis heute das Mehrheitsverhältnis zwischen Katholiken und Protestanten in den Orten des Bliesgaus.

Das ausgehende 16. und frühe 17. Jh. war in Europa eine Zeit, in der besonders viele Frauen als Hexen denunziert und staatlich verfolgt wurden. Hexenprozesse sind auch 1570 in Blickweiler, 1593 in Reinheim und 1599 in Blieskastel belegt, wo einige der beschuldigten Frauen den Feuertod fanden.

Mit Ausnahme des Residenzfleckens Blieskastel und der Burg Frauenberg, wo vermutlich im frühen 16. Jh. noch ein Batterieturm zur Verteidigung mit Feuerwaffen errichtet wurde, waren bis zum ausgehenden 16. Jh. alle übrigen Burgen im Bliesgau verfallen. Ein Schicksal, das spä-ter auch fast alle Bauten aus dem Zeitalter der Renaissance im Bliesgau teilen sollten. Denn aus dieser haben sich nur wenige, später mehrfach umgestaltete Wohnhäuser aus dem späten 16. und 17. Jh. in der Blieskasteler Altstadt, die Kapelle Sainte-An-ne aus dem Jahr 1619 in Guiderkirch auf französischer Seite (Abb. 50) sowie, aus der Übergangszeit zum Barock, der sog. Lange Bau von ca. 1670 des Blieskasteler Schlosses (Abb. 51) erhalten.

Renaissanceschlösser im Bliesgau

ORT	ERBAUER/BESITZER	ERBAUT	UMBAUTEN	ABGERISSEN
Wecklingen	Philipp Jacob von Eltz	1555	um 1660	nach 1793
Blieskastel	Grafen von der Leyen	1661	nach 1773	1802–20

GESCHICHTE

Mit dem aufgrund religiöser Konflikte zwischen Katholiken und Protestanten ausgelösten Dreißigjährigen Krieg (1618–48) begann für die Region, wie für ganz Mitteleuropa, eine Schreckensepoche.

Ab 1621 wurden Gebiete des protestantischen Herzogtums Pfalz-Zweibrücken von spanischen Truppen besetzt, die erst zehn Jahre später nach dem Kriegseintritt des protestantischen Schwedens vertrieben werden konnten. In Zweibrücken und der Burg Kirkel, unmittelbar nördlich des Bliesgaus, waren in der Folge schwedische Garnisonen stationiert.

Besonders stark wurde der Bliesgau dann ab 1635 in Mitleidenschaft gezogen. Kaiserliche katholische Truppen unter Beteiligung spanischer und kroatischer Soldaten belagerten 1635 Zweibrücken und marschierten gegen das von französischen Truppen besetzte Saarbrücken. Gleichzeitig kam es zwischen 1634 und 1637 zum Ausbruch von Pestepidemien.

Die durchziehenden Truppen plünderten und brandschatzten regelmäßig sämtliche Ortschaften, Höfe, Klöster und landwirtschaftlichen Flächen. Die Einwohnerzahlen der Orte sanken durch Vertreibung und Tötung meist auf wenige Familien zurück, sodass das wirtschaftliche Gefüge völlig zum Erliegen kam. So

Abb. 52: Die „Biesinger Chaussée" genannte Landstraße, deren Verlauf an der Baumreihe am Horizont erkennbar ist. Sie führt von der alten Residenzstadt Blieskastel über einen Höhenzug bis nach Habkirchen zur französischen Grenze, ist erstmals im 16. Jh. belegt und war nach den Römerstraßen eine der ersten befestigten Straßen im Bliesgau (1748). Seit spätestens 1760 wird sie (wenn auch heute nur noch einseitig) kontinuierlich von Alleebäumen gesäumt.

Herrschaft Blieskastel, die bis 1793 Bestand haben sollte. Um eine standes- und zeit-gemäße Residenz zu schaffen, wurde 1661 die alte Burg abgerissen und durch ein repräsentatives Schloss ersetzt.

Nur rund zwei Jahrzehnte nach dem letzten verheerenden Krieg folgte im Zuge der sog. Reunionskriege (1667–97) bereits der nächste kriegerische Konflikt. Der französische König Ludwig XIV. (reg. 1638–1715) hatte beschlossen, das Herzog-tum Lothringen und zahlreiche weitere Gebiete links des Rheins zu annektieren, wozu er 1670 kurzerhand das Herzogtum okkupiert hatte. In den folgenden Jahren besetzten französische Truppen zahlreiche Orte an Saar und Blies, wo es erneut zu Brandschatzungen kam. 1677 wurde auch die mit Mauern und Wassergräben stark befestigte Burgstadt Zweibrücken eingenommen und erlitt schwere Zerstörungen und auch Saarbrücken wurde niedergebrannt. Im Zuge dieses Konflikts wurden erneut auch zahlreiche Orte im Bliesgau verwüstet. Im Zusammenhang mit die-ser Machtpolitik Ludwigs XIV. steht im Übrigen auch die Gründung der nach ihm benannten Festungsstadt Saarlouis 1680. Im gesamten Amt Blieskastel waren 1680 nach Auskunft eines amtlichen Dokumentes sämtliche Mühlen ausgeplündert, verfallen oder gar abgebrannt, was das Ausmaß der erneut flächendeckenden Verwüstungen verdeutlicht.

Die Herrscherhäuser in Blieskastel, Zweibrücken und Saarbrücken hatten natürlich großes Interesse daran, die entvölkerte Gegend schnellstmöglich wiederaufzusiedeln, um wieder eine florierende Wirtschaft anzukurbeln. Aus diesem Grund wurden ab den 1660er-Jahren verstärkt Menschen aus anderen Regionen angeworben, wozu Einwanderungspatente vergeben wurden, die Steuervergünstigungen und den kostenlosen Erwerb von Grund und Boden zusicherten. Gleiches verfolgte man zwischen 1680 und 1697 auch unter französischer Besetzung. Im Zuge dieser Bevölkerungspolitik wanderten v.a. Menschen aus Tirol, Vorarlberg, Bayern, der Schweiz, Savoyen und Innerfrankreich in den Bliesgau. Die meisten waren arm und hatten sich in ihrer früheren Heimat etwa als Tagelöhner durchschlagen müssen oder hatten in den überbevölkerten, kargen Alpentälern Hungersnöte durchlitten. Hinzu kamen religiös verfolgte Einwanderer wie Mennoniten oder Hugenotten aus der Schweiz. Diese Einwanderungswellen in die vollkommen heruntergekommenen Dörfer an der Blies zogen sich bis ins mittlere 18. Jh. Von schweizerischen Einwanderern aus dieser Zeit stammen etwa Personen ab, welche die bis heute im Bliesgau häufig anzutreffenden Nachnamen Hussong und Hunsicker tragen.

Während der französischen Besetzung waren in den protestantischen, einst zum Herzogtum Pfalz-Zweibrücken gehörenden Ortschaften auch wieder katholische Gemeinden zugelassen. So zogen 1686 erstmals wieder Menschen in das seit um 1500 verlassene Riesweiler. Diese mussten alle katholischen Glaubens sein, weil man eine Rekatholisierung der Gegend anstrebte. Auf lothringisches Bestreben

Abb. 54a/b: Die auf einen mittelalterlichen Bau zurückgehende und 1767 bis 1769 in ein Barockgebäude umgewandelte protestantische Christuskirche in Mimbach, oben um 1930.

*Abb. 55: Die 1769 über
die Blies errichtete
Rundbogenbrücke bei
Bliesdalheim. Sie wurde
1939, wie alle anderen
Brücken im Bliesgau,
von deutschen Soldaten
gesprengt.*

*Abb. 56: Das ab 1661
erbaute Schloss in
Blieskastel nach einer
Zeichnung um 1785.*

wurde 1700 auch die bereits seit dem Hochmittelalter untergegangene Siedlung Pinningen wiederbesiedelt.

Mit dem Friedensvertrag von Rijswijk 1697 blieb das Herzogtum Lothringen französisch, doch andere Gebiete wie das Herzogtum Pfalz-Zweibrücken musste Frankreich wieder abtreten.

Keine 20 Jahre später durchzogen erneut französische Truppen im Rahmen des ganz Mittel- und Westeuropa umfassenden Spanischen Erbfolgekrieges (1701–14) die Gegend.

Zwischen 1714 und 1718 lebte auf Geheiß des schwedischen Königs, der zeitgleich auch Herzog von Pfalz-Zweibrücken war, der polnische König Stanislaus I. Leszczyński (1677–1766) bei Zweibrücken im Exil. Stanislaus hatte Gefallen an dem kleinen Kloster von Gräfinthal, hielt sich hier oft mit seiner Familie auf und förderte dessen Ausbau im barocken Zeitgeschmack. In der Gräfinthaler Klosterkirche ist auch die jüngere der beiden Töchter Stanislaus', Anna (1699–1717), beigesetzt, sodass an der Blies eine polnische Prinzessin begraben liegt. 1785/86 wurde das Kloster aufgelöst. Es war das letzte des Wilhelmiterordens im Heiligen Römischen Reich.

Im Laufe des 18. Jhs. wurden in der Region zahlreiche mittelalterliche Kirchen im Stile des Barocks umgebaut (Abb. 54 a/b), sodass meist nur noch wenig verrät, dass sie auf ältere Vorgängerbauten zurückgehen. In diesem Jahrhundert wurden auch die mindestens seit dem Spätmittelalter in mehreren Orten bestehenden, zuvor meist aus Holz errichteten Bliesbrücken durch aufwendige steinerne Rundbogenbrücken ersetzt (Abb. 55). Von ihnen hat sich keine einzige erhalten, da sie alle 1939 durch die deutsche Wehrmacht gesprengt wurden.

1773 verlegten der Reichsgraf Franz Carl von der Leyen (1736–75) und seine Gattin Marianne (1745–1804) ihre Residenz von Koblenz am Rhein in das Städtchen Blieskastel an der Blies. Eine bemerkenswerte Besonderheit in der Geschichte der Region, deren genaue Gründe bis heute weitestgehend im Dunkel der Vergangenheit liegen. Blieskastel wurde daraufhin binnen weniger Jahre zu einem repräsentativen Verwaltungsort im Stil des Barocks ausgebaut (Abb. 56–57) – ein Umstand, von dem die Stadt bis heute profitiert und ihr Image als barockes Kleinod verdankt.

Ab 1782 entstand auf Geheiß der Reichsgräfin rund um den Würzbacher Weiher ein weitläufiger Landschaftspark nach englischen Vorbildern, in den ein Schloss und mehrere herrschaftliche Höfe integriert wurden (Abb. 58). Somit war ein Erholungs-refugium in unmittelbarere Nähe zur Hauptresidenz geschaffen worden. Der größte Schlossbau, eine avantgardistische Anlage im damals hochmodernen neogotischen Stil, hieß Neu-Philippsburg und nahm damit Bezug auf das unterhalb der Festung Ehrenbreitstein bei Koblenz gelegene Schloss der Familie.

Barocke Schlösser und herrschaftliche Landsitze im Bliesgau

ORT	NAME	ERBAUER / EIGENTÜMER	ERBAUT	ZERSTÖRT
Blieskastel	Bliescastel	Grafen von der Leyen	1661, barocke Umbauten 1773–78	1802–20
Kirchheim (Kirchheimer Hof)	Schorrenburg	Reichsfreiherr Philipp Friedrich von Schorrenburg	um 1720	um 1830 umgebaut
Niederwürzbach	Neu-Philippsburg	Reichsgrafen von der Leyen	1782–1788	1793
Niederwürzbach	Bon Voisin	Reichsgrafen von der Leyen	um 1785/86	1793
Niederwürzbach	Montplaisir	Reichsgrafen von der Leyen	um 1785/86	
Niederwürzbach	Annahof	Reichsgrafen von der Leyen	um 1788	
Seelbach	Bagatelle	Reichsgrafen von der Leyen	um 1788	1793

1785 richtete ein gewisser Jean Thiebault in der im 17. Jh. in ein Schloss umgewandelten, aber inzwischen ruinösen Burg von Frauenberg eine Fayence-Manufaktur ein. An dieser erwarb 1789 Nicolas Villeroy (1759–1843) Anteile und forcierte deren Verlegung 1790 nach Wallerfangen an der Saar. Die Burgruine Frauenberg stellt somit einen der Ausgangspunkte des späteren, 1836 gegründeten Weltunternehmens Villeroy & Boch dar.

1787 schaffte die Reichsgräfin von der Leyen für ihre Untertanen die Leibeigenschaft ab, erst 1793 auch der Fürst von Nassau-Saarbrücken.

Aus Angst, die 1789 in Frankreich begonnene Revolutionsbewegung könnte auch auf andere monarchische Staaten überschwappen, machten zahlreiche europäische Staaten ihre Truppen mobil, woraufhin es ab Frühjahr 1792 im Zuge des sog. Ersten Koalitionskrieges zu Kampfhandlungen kam. Bis zum Oktober desselben Jahres eroberten daraufhin die französischen Revolutionstruppen den gesamten südwestdeutschen Raum bis zum Rhein. Auf ihrem Weg dorthin durchzogen sie auch den Bliesgau. Im Januar 1793 floh daraufhin der Herzog von Pfalz-Zweibrücken nach Mannheim – er sollte niemals zurückkehren.

Am 14. Mai 1793 musste auch die Reichsgräfin Marianne von der Leyen aus Blieskastel fliehen, nachdem ihr Schloss bereits von französischen Truppen umstellt war. Das Schloss wurde geplündert, all seiner hölzernen Ausstattung, selbst seiner Parkettböden, beraubt und Soldaten darin einquartiert. Ein Brand sorgte zusätzlich für erhebliche Zerstörungen. Auch das Schloss Neu-Philippsburg sowie zwei gräfliche Hofstellen bei Niederwürzbach wurden durch gelegte Feuer komplett zerstört. Gleiches geschah mit den letzten Überresten des alten, inzwischen zu einem Landgut umgewandelten Renaissanceschlosses von Wecklingen. Die Reichsgräfin von der Leyen floh als Bäuerin verkleidet dank zahlreicher Helfer aus der lokalen Bevölkerung auf abenteuerliche Weise über Rubenheim,

wo sie vom Pfarrer versteckt wurde, über Herbitzheim, Bie-
singen, Alschbach, Lautzkirchen, Niederwürzbach, erneut
Rubenheim, Bebelsheim, der Gersheimer Mühle und Glan-
Münchweiler in der Pfalz bis nach Frankfurt am Main.

Am 28. Juli 1793 wurde dann auch das erst 1778 erbaute Schloss Karlsberg des Herzogs von Pfalz-Zweibrücken
bei Homburg, eine der damals prächtigsten und weitläu-
figsten Schlossanlagen Mitteleuropas, geplündert und mit
zahlreichen Heuwagen in Brand gesteckt.

Während die französischen und alliierten Truppen
1792/93 durch den Bliesgau zogen, fanden in vielen Orten
Plünderungen statt. Am 17. November 1793 kam es auf der Höhe von Biesingen und
den umliegenden Orten zu einer Schlacht zwischen etwa 20.000 Mann starken
französischen und ca. 8.000 Mann starken preußisch-sächsischen Truppen. Auch
wenn es dem zahlenmäßig unterlegenen alliierten Heer gelang, den französischen
Vormarsch kurz zu stoppen, war die Schlacht für den weiteren Kriegsverlauf von

*Abb. 58a: Der 1788
erbaute Annahof bei
Niederwürzbach.*

*Abb. 58b: Zeitgenössische
Darstellung des Würz-
bacher Weihers mit dem
Englischen Landschafts-
park um 1792.*

keiner großen Bedeutung. Die über 900 Gefallenen samt Pferden mussten Bauern aus der Umgebung in Massengräbern verscharren. Von der Schlacht zeugt nur noch der Grabstein eines preußischen Majors namens Strantz auf dem Friedhof in Blieskastel.

Während manche Bliesgauer den alten Herrscherfamilien wohlgesonnen waren und ihnen bei der Flucht halfen, feierten andere deren Vertreibung und die Errungenschaften der Revolutionsidee, zu denen die Abschaffung der Ständegesellschaft gehörte und dass jeder persönlich frei und vor dem Gesetz gleich war.

Ab 1795 stand der Bliesgau unter französischer Regierung und war nach dem Friedensvertrag von Campo Formio, wie sämtliche linksrheinischen Gebiete, ab dem 17. Oktober 1797 offiziell ein Teil Frankreichs. Der östliche Bliesgau gehörte zum Département Mont-Tonnerre (Donnersberg) und lag darin im Arrondissement de Deux-Ponts (Zweibrücken) und in diesem wiederum im Canton de Medelsheim. Der westliche Bliesgau war hingegen Teil des Département de la Sarre (Saar), in dessen Arrondissement de Sarrebruck der Canton de Bliescastel lag.

In Blieskastel wurde am 28. Mai 1804 zu Ehren des Ersten Konsuls der Französischen Republik und späteren Kaisers, Napoléon Bonaparte (1769–1821), ein Brunnen mit Obelisk errichtet (Abb. 59), worin ein Bezug zu Napoléons Ägyptenfeldzug 1798 bis 1801 zu sehen sein könnte. Eine Inschrift am Brunnen lautet: „À NAPOLÉON *premier Empereur des Français. Le Canton de Bliescastel le 28e floréal an XII*" (Übersetzung: *„Napoléon, dem ersten Kaiser der Franzosen (gewidmet). Der Kanton Blieskastel, den 18. Mai 1804"*).

Die aggressive Expansionspolitik Napoléons sorgte jedoch dafür, dass unter militärischem Druck der alliierten Gegenmächte bereits zehn Jahre später, 1814, die französische Herrschaft an der Blies wieder zerbrach.

Blieskastel	Heilig-Kreuz-Kapelle, 1683
Blieskastel	Jüdischer Friedhof, Grabmale von 1718 und später
Gräfinthal, Kloster	Taubenhaus, 1766
Mimbach	Christuskirche, 1769
Blieskastel, Paradeplatz	Rathaus, 1775
Blieskastel	Schlosskirche, 1778
Blieskastel, Schlossbergstraße	Beamtenhäuser, 1773–93
Niederwürzbach	Schlösschen Montplaisir, 1786
Niederwürzbach	Annahof, 1788
Blieskastel, Altstadt	Barockwohnhäuser, u. a. Kardinal-Wendel-Haus
Blieskastel	Napoléonsbrunnen, 1804

IM UMLAND

Homburg, Schlossberg	Festungsruine Hohenburg, 1679–92, mit Schlossberghöhlen
Zweibrücken	Schloss, 1725, Reste des Lustschlosses Tschifflik / Fasanerie, 1718–69
Sanddorf	Ruine Schloss Karlsberg, 1778–93
Saarbrücken	Schloss, 1739–48
Saarbrücken	Ludwigskirche, 1762–75

100 Jahre lang „Bayern an der Blies"

Von 1816 bis 1919 gehörte die Region zum Königreich Bayern

von Andreas Stinsky

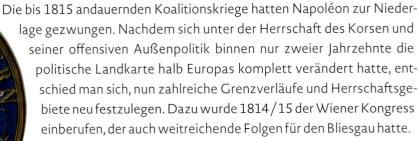

Die bis 1815 andauernden Koalitionskriege hatten Napoléon zur Niederlage gezwungen. Nachdem sich unter der Herrschaft des Korsen und seiner offensiven Außenpolitik binnen nur zweier Jahrzehnte die politische Landkarte halb Europas komplett verändert hatte, entschied man sich, nun zahlreiche Grenzverläufe und Herrschaftsgebiete neu festzulegen. Dazu wurde 1814 / 15 der Wiener Kongress einberufen, der auch weitreichende Folgen für den Bliesgau hatte.

Gemäß dem in Wien geschlossenen Vertrag wurde das unter französischer Herrschaft eingerichtete Département Mont-Tonnerre und der östliche Randstreifen des Départements Sarre Österreich zugesprochen. Dieses trat die Gebiete jedoch bereits 1816 nach einer vertraglichen Vereinbarung an Bayern ab. Das Königreich Bayern integrierte die neuen Landstriche links des Rheins unter dem Namen Rheinkreis in seine Verwaltungsstruktur. Hauptstadt wurde Speyer. Somit war der Bliesgau fortan ein Teil Bayerns (Abb. 60). Der Pfalz zugerechnet, wurde die Bevölkerung neben den Altbayern, Franken und Schwaben als einer der „vier bayerischen Stämme" angesehen.

Heute zeugt in den Ortsbildern nur noch wenig von der bayerischen Vergangenheit. Doch wer etwa beim 1904 als „Königlich Bayerisches Rentamt" erbauten und heute als Finanzamt dienenden Gebäude in Blieskastel genau hinschaut, wird im Relieffeld des Giebels das von Löwen flankierte bayerische Wappen erkennen.

Abb. 60: Bayerisches Grenzschild (um 1816), das einst an einem Grenzpfahl am Ortseingang von Reinheim stand.

Ein weiteres Monument aus dieser Zeit stellt die über 6 m hohe Maximilianssäule in Blieskastel dar (Abb. 61). Durch ihre Aufstellung 1823 huldigte man dem ersten bayerischen König Maximilian I. Joseph (1756–1825), wie die Inschrift „MAXIMILIANO JOSEPHO / PATRI PATRIAE / CIVES BLIESCASTELLANI / MDCCCXXIII" (Übersetzung: „Maximilian Joseph, dem Vater des Vaterlandes, (von den) Blieskasteler Bürgern (gestiftet), 1823.") besagt. Im selben Jahr wurde die Strecke von Webenheim nach Saargemünd zu einer befestigten Straße ausgebaut.

Abb. 61: Die Maximilianssäule in Blieskastel wurde 1823 zu Ehren des ersten bayerischen Königs errichtet.

Weite Teile der Landbevölkerung lebten zu dieser Zeit unter ärmlichen Verhältnissen und verdingten sich als Tagelöhner. Aussicht auf ein besseres Leben versprachen die aufstrebenden Vereinigten Staaten von Amerika, wo unentwegt Arbeitskräfte gesucht wurden und günstig Grundstücke zu erwerben waren. Eine Hungersnot 1817 führte bei gleichzeitig enormem Wachstum der Bevölkerung dazu, dass immer mehr Menschen aus dem Bliesgau und der Pfalz die mehrwöchige Reise über den Atlantik wagten. Zwischen 1820 und 1880 erfolgten daher zahlreiche Auswanderungswellen, die erst um 1900 allmählich wieder enden sollten. Im betreffenden Zeitraum siedelten allein aus dem kleinen Dorf Habkirchen 65 und aus dem beschaulichen Pinningen 49 Menschen in die USA über. Bei der heutigen Einwanderungsdebatte in Europa wird oft vergessen, dass lange Zeit aus den hiesigen Ländern Menschen aus wirtschaftlicher Not heraus auf andere Kontinente auswanderten. Neben Amerika zog es zu dieser Zeit viele Familien aus dem Bliesgau auch in Industrieorte, die sich damals zu Städten entwickelten, wie bspw. St. Ingbert, wo seit 1732 ein Eisenwerk bestand, das im 19. Jh. zu einem Großbetrieb ausgebaut wurde, wodurch innerhalb von nicht einmal 30 Jahren die Einwohnerzahl des Ortes um mehr als das Doppelte auf 6.000 anstieg.

1829 erwarben der aus der Provence stammende französische Baron Benoit Auguste Alexandre Jacomin de Malespine (1774–1855) und seine aus Landau kommende Frau Maria den Kirchheimer und den Kahlenberger Hof bei Breitfurt. De Malespine war nach der französischen Eroberung der deutschen Rheingegenden als Offizier und später Inspektor für Staatsdomänen in die Pfalz gekommen. Mit

Seite 82:
Abb. 62, oben: 1829 erwarb ein aus der Provence stammender französischer Baron den Kirchheimer Hof bei Breitfurt und ließ diesen als ländliches Domizil umbauen (hier ein Foto von 1919). Der Sohn des Barons setzte die Umbauten fort und schuf um das Anwesen herum einen Englischen Landschaftspark.

dem bereits um 1720 durch den im Dienst des Zweibrücker Herzogs stehenden Reichsfreiherrn Philipp Friedrich von Schorr aus Hassel herrschaftlich ausgebauten Kirchheimer Hof hatte er für sich und seine Gattin auf bayerischem Boden einen idyllisch gelegenen Alterssitz ausgesucht, den später ihr Sohn Alexandre Louis Guillaume (1821–93) erben sollte. Unter den neuen Besitzern wurde unweit des alten, im Volksmund nach dem einstigen Erbauer immer noch Schorrenburg genannten Herrenhauses ein neues nach dem damaligen Zeitgeschmack errichtet. Auch das alte Haupthaus erfuhr Umbauten im klassizistischen Stil. Unter Sohn Alexandre kam es zu weiteren baulichen Abänderungen. Zudem ließ er einen Englischen Landschaftspark mit fremdländischen Bäumen und künstlichen Wasserfällen anlegen, sodass spätestens danach die Anlage als schloss-ähnliches Kleinod bezeichnet werden konnte (Abb. 62). Bis heute haben sich rund um den Hof alte Bäume aus dieser Zeit erhalten. Teil dieser Anlage war auch die Ottilienquelle, die seit dem Mittelalter zur Heilung von Augenleiden aufgesucht wurde und die der Baron 1881 neu fassen ließ. Zu dem Landschaftspark zählte auch ein 1893 fertiggestellter, 26 m hoher, öffentlich zugänglicher Aussichtsturm auf der Kuppe des Kahlenberges oberhalb des Hofes (Abb. 63), der höchsten Erhebung im Bliesgau. Von hier hatte man einen Ausblick bis weit in die Pfalz und die Vogesen. Das nach seinem Erbauer Alexanderturm genannte Bauwerk stand bis 1939, ehe es von deutschen Soldaten gesprengt wurde. Der Englische Garten rund um den Hof war in seinen Grundzügen noch bis in die 1930er-Jahre erhalten und stellte ein beliebtes Ziel für Spaziergänge dar. Alexandre war ein frommer Mann, dem es wichtig war, dass es den Menschen in den Dörfern rund um seinen Hof gut ging. So vermachte er testamentarisch eine große Geldsumme und den Kahlenberger Hof dem Bistum Speyer, damit in Bliesdalheim eine katholische Pfarrei mit Kirche gegründet werden

konnte. Den Hof erbte Alexandres Neffe, der Baron Emile de Bobics. Nachdem dieser in Monaco tödlich verunglückt war, ging der Hof in den Besitz der Stadt Zweibrücken über, die ihn 1936 an die Bayerische Siedlungsgesellschaft in München verkaufte. Heute befindet sich das Gut wieder in Privatbesitz.

Als herrschaftlicher Landsitz des 19. Jhs. stellt der Kirchheimer Hof im Bliesgau eine Besonderheit dar. Als Parallele findet sich nur der Freishauserhof, der sich wenige Kilometer weiter nördlich bei Mimbach befindet und

als Hofstelle namens Freishausen ebenfalls eine Geschichte aufweist, die bis ins Mittelalter zurückreicht. 1876 wurde der Hof von Oskar Kraemer (1833–1904), Besitzer der St. Ingberter Eisenschmelze und späterer Reichstagsabgeordneter, erworben. Kraemer ließ sich hier ein Herrenhaus im neoklassizistischen Stil errichten (Abb. 64a/b).

Um 1848 wurde in dem kleinen Walsheim eine Familienbrauerei gegründet (Abb. 65), die ihr Bier rasch nicht nur mehr im Bliesgau, sondern bald auch in

Abb. 64a/b: Das 1876 vom Besitzer der St. Ingberter Eisenschmelze als Landsitz in Auftrag gegebene Herrenhaus auf dem Freishauserhof. Oben kurz nach seiner Erbauung, unten heute.

Das Saargebiet entsteht und Wahlkampf zur Saarabstimmung

Erste Geburtswehen des heutigen Saarlandes

von Andreas Stinsky

Das ab 1920 unter der Verwaltung des Völkerbundes stehende Saargebiet war bei den Friedensverhandlungen von 1919 neu definiert worden und umfasste im Wesentlichen die Steinkohlereviere an der Saar sowie deren Einzugsgebiete inklusive der Gebiete, wo die Bergleute wohnten. Während zu Frankreich alte Verwaltungsgrenzen zum Abstecken des Saargebietes genutzt werden konnten, wurde nach Osten zum Freistaat Bayern hin ein mehr oder minder willkürlicher Verlauf gewählt, der Zweibrücken von einem Teil seines traditionellen Einzugsgebietes abtrennte. Der Teil, der für das Saargebiet von Bayern herausgelöst wurde, umfasst heute ziemlich genau die Grenzen des Saarpfalz-Kreises, in dem fast der gesamte Bliesgau liegt.

Die neue Grenzlage führte dazu, dass ab 1919 in zahlreichen Dörfern in einem charakteristischen Baustil Zollhäuser erbaut wurden. Ab den 1920er-Jahren wurde die inzwischen umbenannte Walsheim Brauerei AG durch zahlreiche Erweiterungen und Neubauten zur Großbrauerei ausgebaut, die damals zu den größten im Saargebiet zählte. Hier wurden fortan 30 Mio. l Bier pro Jahr gebraut, das neben Europa auch in französischen Kolonien und vereinzelten südamerikanischen Großstädten getrunken wurde.

In den wirtschaftlich schweren Zeiten nach dem Ersten Weltkrieg versammelten sich beim Dorf Webenheim regelmäßig Bauern zu Kundgebungen. Die Zusammenkunft der Menschen mit ihren zahlreichen Zugpferden zwischen der Heu- und Getreideernte führte bald dazu, dass die Reden von einem Markt und mit

Pferderennen begleitet wurden. So entstand 1921 das Webenheimer Bauernfest, das seither alljährlich im Juli abgehalten wird und heute zu den größten Volksfesten im Saarland zählt.

Ab 1922 wurden auf den Höhen oberhalb von Gersheim die Kalksteinbrüche unter Tage verlegt. In den folgenden Jahrzehnten entstand so ein insgesamt 160 km langes Streckennetz mit einer Fläche von ca. 2,3 km². Im selben Jahr wurde bei Bierbach durch eine Firma aus Zweibrücken ein Maschinenwerk eröffnet.

Ab den 1920er-Jahren erhielten die meisten Bliesgaudörfer erstmals elektrischen Strom und auch die letzten Orte verfügten fortan über Wasserleitungen in den einzelnen Haushalten.

Abb. 67: Frauen und Kinder einer Arbeiterbauernfamilie vor ihrem Haus in Breitfurt 1925.

Zu dieser Zeit wurden immer mehr Turn- und Sportvereine gegründet, unter denen sich eine aus England kommende Sportart zunehmender Beliebtheit erfreute: Fußball. Nach dem TSC Blieskastel 1893, der vermutlich den ältesten Fußballverein des Bliesgaus darstellt, folgten um 1920 zahlreiche weitere wie 1919 der SV Blickweiler, 1921 die SF Reinheim, 1924 die TuS Rubenheim oder 1926 der SV Breitfurt. 1932 wurde als Freilichttheater die Naturbühne von Gräfinthal ins Leben gerufen. Von 1934 bis zum Kriegsausbruch 1939 bestand auch in einem ehemaligen Buntsandsteinbruch am Nordende von Breitfurt eine größere Naturbühne für Schauspielaufführungen, die jedoch, initiiert vom Dorfpfarrer, von völkisch-nationalistischem Gedankengut geprägt waren. In den ersten Saisons kamen über 10.000 Menschen zu den Aufführungen, deren propagandistischer Einfluss zur bevorstehenden Volksabstimmung und später zur ideologischen Kriegsvorbereitung nicht unerheblich war.

Gemäß dem Mandat des Völkerbundes wurde für den 13. Januar 1935 eine Volksabstimmung, die sog. Saarabstimmung, terminiert, durch welche die Saarländer entscheiden konnten, ob sie für den Status quo, also weiterhin für eine Völkerbundregierung, einen Anschluss an Frankreich oder ans Deutsche Reich waren. In letzterem war seit 1933 Adolf Hitler an der Macht.

Die Wahl sorgte im Vorfeld für politisch hitzig geführte Wahlwerbekampagnen und Schlagabtausche zwischen Sozialdemokraten und Kommunisten auf der eine Seite und Befürwortern der Angliederung ans nationalsozialistische Deutsche Reich auf der anderen Seite. Letztere formierten sich mit der Deutschen Front (DF) eigens zu einer Partei, die von den Nazis finanziell und logistisch massiv unterstützt wurde. Gegen den Willen der Verwaltung nachts gemalte Propagandaparolen wie „Deutsch ist die Saar, deutsch immerdar!", „Tote Helden mahnen, seid treu und stark wie wir es waren" oder „Der Zwietracht ein Stoß ins Herz. Seid einig, einig, einig!" zierten zu dieser

Zeit manchen Hausgiebel, insbesondere an Ortseingängen (Abb. 68). Vor der Wahl wurde gezielt Terror gegen Parteien und Personen verbreitet, die sich gegen eine Angliederung ans Deutsche Reich aussprachen. So wurde in Blieskastel am 30. Dezember 1934 von einem Schlägertrupp der DF eine Versammlung von Status quo-Befürwortern, bei der u. a. Johannes Hoffmann, später erster Ministerpräsident des Saarlandes, und der Gewerkschaftsfunktionär Heinrich Imbusch als Redner teilnahmen, aufgerieben, wobei man auf die Teilnehmer mit Stuhlbeinen losging und drei Personen durch Revolverschüsse verletzt wurden. In Niederwürzbach hingegen wurden vier Tage vor der Wahl Austräger der linken „Arbeiterzeitung" mit Äxten und Eisenstangen überfallen, wobei ihnen Pfeffer in die Augen gestreut wurde.

Bei der Wahl stimmte eine überwältigende Mehrheit, 90,7 %, für einen Anschluss ans Deutsche Reich, 8,9 % für den Status quo und gerade einmal 0,4 % für einen Anschluss an Frankreich. Am Morgen nach Bekanntwerden des Wahlergebnisses hissten zahlreiche Bewohner Hakenkreuzflaggen oder die Flagge des ehemaligen Kaiserreiches aus den Fenstern ihrer mit Blätterkränzen geschmückten Häuser (Abb. 69). Bereits im Februar wurde die Reichsmark eingeführt und die französischen Zollbeamten zogen ab.

Seite 90:
Abb. 68: Wahlparole für eine Angliederung ans Deutsche Reich 1935 an einer Hauswand.

Abb. 69: Nachdem bei der Wahl von 1935 für eine Angliederung ans Deutsche Reich gestimmt worden war, wurden zur Feier an zahlreichen Anwesen Flaggen mit den Farben des ehemaligen Deutschen Kaiserreiches oder mit Hakenkreuzen gehisst, wie hier in Biesingen. Die Jungen auf dem Foto tragen bereits Uniformen der Hitler-Jugend.

AUSFLUGTIPPS: SEHENSWÜRDIGKEITEN AUS DEN 1920ER- UND FRÜHEN 1930ER-JAHREN	
Blieskastel	Kloster, 1925–29
Ballweiler	Kirche St. Josef, 1929
Bliesransbach	Kirche St. Lukas, 1929–32

Im Dritten Reich und Zweiten Weltkrieg

Die Welt und die Region in Schutt und Asche

von Andreas Stinsky

Nach der Volksabstimmung erfolgte zum 1. März 1935 die Angliederung ans nationalsozialistische Deutsche Reich. Dies war der erste größere außenpolitische Erfolg Adolf Hitlers. Die Begeisterung für den Anschluss ans Deutsche Reich war so groß, dass in nahezu jedem Ort ein Straßenzug in Adolf-Hitler-Straße umbenannt wurde und es mancherorts zur Pflanzung von sog. Führerlinden kam.

Nur drei Monate nachdem die Region nun zum Deutschen Reich gehörte, wurde auf Betreiben der NSDAP und der Deutschen Arbeitsfront (DAF) nach Planungen auf dem Reißbrett zwischen September 1935 und 1939 ein nationalsozialistisches Musterarbeiterdorf für 850 Einwohner errichtet – Sitterswald. Das unweit der Bliesmündung gelegene Dorf zählt damit zu den jüngsten Ortschaften im Saarland.

Nur ein paar 100 m von der französischen Stadt Sarreguemines entfernt und von dieser aus sichtbar, begleitete den Bau der Siedlung auch ein politischer Beigeschmack, der u. a. als „Schaufenstereffekt" zur Präsentation der Leistungsstärke des NS-Regimes zu deuten ist. Auf der gegenüberliegenden, französischen Blieseite wurde die neue deutsche Vorzeigesiedlung spöttisch als „Hitlersdorf" bezeichnet.

Um 1935 wurde auf dem Kalbenberg zwischen Wolfersheim und Ballweiler die Steingewinnung für das Kalkwerk in Blickweiler unter Tage verlegt. Nachdem 1933 in Mimbach das erste Freibad im Bliesgau eröffnet worden war, folgten 1937 / 38 in Blickweiler, Walsheim und Blieskastel drei weitere.

Abb. 70: Der Westwall
bei Heckendalheim
1942.

Im Zuge ihrer auf einen zerstörerischen Krieg ausgerichteten Politik ließen die Nazis für absurd hohe Kosten zwischen 1937 und 1940 den sog. Westwall anlegen, der ein 630 km langes Verteidigungssystem entlang der Westgrenze des Deutschen Reiches darstellte. Dieser verlief am nördlichen Rand des Bliesgaus zwischen Heckendalheim, Niederwürzbach, Alschbach, Blieskastel, Webenheim und Wattweiler, wo diverse Verteidigungsanlagen mit Gräben, Panzersperren sowie über 250 Bunkern und Gefechtsständen angelegt wurden. Unter anderem auf den Höhen bei Webenheim und Heckendalheim zogen sich sog. Höckerlinien, die aus in Reihen aufgestellten, höckerförmigen Betonklötzen bestanden (Abb. 70). Nördlich von Webenheim war auch ein 550 m langer Wassergraben als Panzersperre angelegt worden, der heute noch besteht und inzwischen als Angelweiher dient. Die gleiche Aufgabe kam den aufgestauten Wassergräben zu, die bis heute entlang der Straße zwischen Niederwürzbach und Lautzkirchen verlaufen. Während des Baus des Westwalls wurden zahlreiche Arbeitskräfte aus auswärtigen Gegenden in Gastfamilien untergebracht. So nahm allein Heckendalheim mit seinen damals rund

Abb. 71: Adolf Hitler auf der Brücke zwischen Blieskastel und Webenheim anlässlich einer Westwallinspektion am 10. Oktober 1938. Im Hintergrund ist das Rathaus am Paradeplatz zu erkennen.

Seite 95:
Abb. 72: Blick auf die Anfang September 1939 gesprengte Bliesbrücke in Gersheim.

Abb. 73: Das Foto dieses Wohn- und Geschäftshauses in Herbitzheim dokumentiert das Ausmaß der Zerstörungen des durch die Nationalsozialisten angestifteten Zweiten Weltkrieges.

Abb. 74: Die Bliesgaudörfer verkamen während des Krieges zu Trümmerwüsten.

700 Bewohnern etwa 500 Arbeiter auf. Anlässlich einer Inspektion der Westwallarbeiten fuhr Adolf Hitler am 10. Oktober 1938 von Blieskastel nach Webenheim (Abb. 71).

Im Zuge der Kriegsvorbereitungen wurden auch bereits im Frühjahr 1938 an den Bliesbrücken Sprengkammern eingebaut, um diese bei feindlichen Truppenvorstößen zum Einsturz bringen zu können, und in die Durchfahrtsstraßen mehrerer Orte Sprengfallen für Panzer eingegraben. Um Truppenverschiebungen schneller durchführen zu können, erhielten die meisten zuvor mit Schotter versehenen Straßen des Bliesgaus in dieser Zeit erstmals eine Asphaltdecke.

Am 9. November 1938 wurden, wie im gesamten Deutschland, auf Veranlassung der Staatsführung Synagogen in Brand gesetzt, von Juden geführte Geschäfte und Privatwohnungen geplündert und demoliert sowie Friedhöfe geschändet. Dabei fanden auch in Blieskastel Pogrome gegen jüdische Mitbürger und die Zerstörung von Wohnungen und Geschäften statt. Bürger u. a. aus Wittersheim, Reinheim und Blieskastel wurden später deportiert und ermordet. Ebenso verfolgt wurden politische Oppositionelle, Deserteure, Arbeitsverweigerer und Behinderte. So gingen bspw. aus Bierbach mindestens drei Menschen mit Behinderungen 1940 spurlos verschwunden.

Ohne dass die Bevölkerung im Voraus darüber informiert worden war, erging am 1. September 1939 – der Tag, an dem die deutsche Wehrmacht Polen überfiel und damit den Zweiten Weltkrieg auslöste – ein Evakuierungsbefehl für die rund 15 km lange Zone südlich des Westwalls. Innerhalb dieser sog. Roten Zone mussten in sämtlichen Orten die Menschen ihr Zuhause bis Mittag verlassen. Dies galt selbst für die gesamte Stadt Saarbrücken mit ihren damals 135.000 Einwohnern. Auf die Bliesgauer warteten in den Ortsmitten Omnibusse, mit denen die Menschen mit ihrem Handgepäck in die Gegend von Kaiserslautern transportiert wurden, von wo aus sie wiederum mittels Zügen weiter nach Thüringen, Mainfranken und in die Oberpfalz gebracht wurden. Auf französischer Seite erging ebenfalls für sämtliche Orte im Vorfeld der Maginot-Linie ein Evakuierungsbefehl. Hier wurden die Menschen in die Pays de la Loire, Poitou-Charentes oder das Limousin in Westfrankreich gebracht.

Am 8. und 9. September 1939 wurden die jahrhundertealten und malerisch schönen Bliesbrücken von Reinheim, Gersheim, Herbitzheim und Bliesdalheim im unteren Bliesgau sowie die Saarbrücke in Sarreguemines gesprengt, um französischen Streitkräften den Vormarsch zu erschweren (Abb. 72). Das gleiche Schicksal erlitten der Alexanderturm (s. Abb. 63), ein 26 m hoher Aussichtsturm, der 1893 auf dem Gipfel des Kahlenberges zwischen Breitfurt und Böckweiler errichtet worden war, sowie der vor etwa 4.000 Jahren aufgestellte Gollenstein bei Blieskastel (s. Abb. 27), der größte Menhir (aufrecht stehender „Hinkelstein") Mitteleuropas, der umgelegt wurde und dabei in mehrere Teile zerbrach. Diese Zerstörungen aus Sorge, die weithin sichtbaren Kulturdenkmäler könnten als Richtpunkte für feindliche Artillerie genutzt werden, stellten sich im weiteren Verlauf der Kampfhandlungen als unnötig heraus.

Am 9. September setzten bei Sarreguemines und Blies-Guersviller im Schutz des Morgennebels französische Einheiten auf Schwimmsäcken über Saar und Blies. Zwei Tage später kam es bei Medelsheim, Peppenkum und Brenschelbach zu französischen Angriffen, im Bliestal konnten die Franzosen an diesem Tag fast bis auf den Kahlenberg bei Breitfurt vordringen. Bis Mitte September bildete sich dann eine Kampflinie zwischen Herbitzheim und Bliesdalheim, wodurch diese beiden Orte schwere Zerstörungen erlitten, ehe sich die französischen Truppen wieder hinter die Grenze zurückzogen, von wo aus sie im Frühjahr 1940 nur noch mittels Artillerie die deutschen Stellungen beschossen. Im Juni 1940 war Paris eingenommen und der Großteil Frankreichs besetzt, woraufhin die Kampfhandlungen in der Region vorerst endeten.

Zwischen August 1940 und Mai 1941 durften die Bliesgauer allmählich wieder zurück in ihre Heimatorte, die sich in einem erschreckenden Zustand präsentierten

Abb. 75: Die Organisa-
tion Todt (OT) doku-
mentierte 1940/41 die
Kriegsschäden in den
Orten, da das NS-
Regime die Grenzdörfer
in nationalsozialistische
Musterorte wandeln
wollte und Unterstüt-
zungen für Neubauten
versprach, zu denen es
jedoch nicht mehr kam.
Hier der Abriss eines
Wohnhauses durch die
OT in Habkirchen.

(Abb. 73–74). Bei den Orten, die in der Kampfzone gelegen hatten, waren zahlreiche Häuser schwer beschädigt und durch den Aufenthalt von Soldaten vollkommen
ramponiert. Entlang des Westwalls und an zahlreichen weiteren Abschnitten davor
waren Minenfelder angelegt worden, deren Räumung bis 1943 dauerte, was trotz
Sperrzonen dazu führte, dass beim Pflügen von Feldern das ein oder andere Pferde-
gespann zerrissen wurde und auch Menschen umkamen. Anstelle der gesprengten
Bliesbrücken wurden während des Krieges und danach bis in die 1960er-Jahre mehrmals hölzerne Behelfsbrücken errichtet (s. Abb. 80).

Zwischen Sommer 1940 und Frühjahr 1941 gingen Vertreter der Nazi-Orga-
nisation Todt, kurz OT genannt, durch die Dörfer im Bliesgau und dokumentierten

die Kriegsschäden an den Gebäuden (Abb. 75). Bis Kriegsende wurden daraufhin vielfach selbst nur leicht beschä-
digte, jahrhundertealte und schmuckvolle Anwesen abgerissen, teils ohne rechtliche Grundlage, da das NS-Regime
die zerstörten Grenzdörfer in nationalsozialistische Musterorte wandeln wollte und Neubauten versprach, die bis
auf ganz wenige Ausnahmen niemals realisiert wurden.
Diese Eingriffe in die historisch gewachsenen Ortsstruk-
turen waren immens. So wurde bspw. in Altheim, Böckweiler, Herbitzheim und Bliesdalheim bis Kriegsende zwei
Drittel der bestehenden Bebauung, was in Bliesdalheim
75 von 115 Anwesen waren, abgerissen (Abb. 76a/b).

Nach dem Sieg über Frankreich wurden in nahezu
allen Bliesgaudörfern Lager für französische Kriegsgefangene eingerichtet, die in der Folge beim Wiederaufbau
der zerstörten Häuser sowie der Zivilbevölkerung bei der
Feldarbeit helfen mussten. Ab 1941 waren in den teils mit
Baracken, teils in Dorfschulen oder Gaststätten eingerich-

teten und bis Dezember 1944 bestehenden Lagern v. a. sowjetische, daneben polnische Kriegsgefangene sowie später sog. italienische Militärinternierte einquartiert. Allein bei Altheim wurde 1942 ein Lager für 70 bis 80 Inhaftierte errichtet.
Auch beim Maschinenwerk in Bierbach und dem Kalkwerk in Gersheim hatte man
Zwangsarbeiterlager eingerichtet, um die Produktionen aufrechtzuerhalten. In
Lothringen waren zu gleicher Zeit zahlreiche Bauern durch die NSDAP enteignet
und ihre Höfe samt Land zur Bewirtschaftung an landlose Bauern aus dem Saargebiet übergeben worden, die mit dem Wiederkehren der Front im Sommer / Herbst
1944 wieder abzogen.

Ab 1942 wurden bei immer mehr Kirchen die Glocken beschlagnahmt. Sie wurden eingeschmolzen, um trotz zunehmender Metallknappheit Rüstungsgüter produzieren zu können.

Während des Krieges war die Bliestalbahn teilweise mit Truppen- und Waren-
transporten extrem stark ausgelastet, da die Linie eine Alternative zur noch stärker

*Abb. 76a: Der nach den
Zerstörungen 1942 voll-
ständig abgerissene Orts-
kern von Bliesdalheim.
Im Hintergrund ist die
hölzerne Notbrücke
über die Blies erkennbar.*

*Abb. 76b: Um das Aus-
maß der Zerstörungen
und des Abrisses zu ver-
deutlichen, zum Vergleich
ein heutiges Foto aus
gleicher Perspektive.*

frequentierten und gegen Ende des Krieges noch mehr im Blickpunkt feindlicher Fliegerangriffe anstehenden Verbindung Saarbrücken-Mannheim darstellte. Ab 1944 wurden aber auch auf der Bliestalbahn immer häufiger Züge von Jagdbombern beschossen.

Am 25. Februar 1944 schoss die Saarbrücker Flak einen Bomber in Brand, der daraufhin über Lautzkirchen seine Bomben Not abwarf, wodurch drei Menschen ums Leben kamen, und dann bei Alschbach abstürzte. Die zehnköpfige Besatzung konnte sich mit Fallschirmsprüngen aus dem Flieger retten.

Mit dem Näherrücken US-amerikanischer Truppen aus Nordfrankreich, die bereits die Orte im unteren Bliesgau beschossen, wurde die Bevölkerung im Dezember 1944 ein zweites Mal aufgerufen, ihre Dörfer zu verlassen. Da die Evakuierung jedoch schlecht organisiert war, kaum noch Fahrzeuge zur Verfügung standen und der staatliche Umgang mit den Privathäusern während der ersten Evakuierung schlecht in Erinnerung geblieben war, blieben viele Menschen in der Region und waren fortan auf sich alleine gestellt. Bis zu 2.000 Personen flüchteten in diesen Tagen in die kilometerlangen, dunklen Stollen des Kalkbergwerks von Gersheim, wo man sich bei konstanten 9°C und in hoher Luftfeuchtigkeit mit Betten und Möbeln notdürftig wohnlich einrichtete (Abb. 77). Selbst das noch vorhandene Vieh wurde mit unter Tage genommen, sodass hier für rund 100 Tage eine gespenstig anmutende unterirdische Parallelwelt entstand, in der man sogar eine Kapelle einrichtete. Wer den Stollen verließ, der riskierte sein Leben, da die Gegend unter immer heftigerem Artilleriebeschuss stand und auch zunehmend Bombardierungen stattfanden. Die meisten Orte waren inzwischen menschenleer und ohne Strom. Auch in die Stollen des Kalksteinbruchs auf dem Kalbenberg bei Ballweiler flüchteten ca. 1.800 Menschen, wobei hier die Polizei trotz heftigen Widerstandes die Stollen räumte.

Nach schweren Kämpfen im südlichen Bliesgau schlugen sich amerikanische Streitkräfte am 18. Dezember bis nach Medelsheim vor, von wo sie sich eine Woche später aber wieder hinter die ehemalige französische Grenze zurückziehen mussten. Wo deutsche Truppen Gefechtsstände eingerichtet hatten, wurden sogar Phosphorbomben abgeworfen, sodass es zu schwersten Zerstörungen kam. Von Januar bis Mitte März 1945 konnte die deutsche Verteidigung dann ein letztes Mal eine Frontlinie, die etwa parallel zur ehemaligen deutsch-französischen Grenze verlief, aufbauen, die erneut schwer umkämpft war. Bis zu 600 Soldaten sollen hier ihr Leben verloren haben. Von den Dörfern traf es auch Erching schwer, wo allein am 23. Februar 1945 bei einem Luftangriff 70 Zivilisten starben. Da es angesichts der für die deutschen Truppen militärisch völlig aussichtslosen Lage selbst bei den Elitesoldaten der seit Dezember 1944 im Bliesgau kämpfenden SS-Panzergrenadier-Division zunehmend zu Kampfverweigerungen kam, erfolgten zahlreiche Erschießungsbefehle in den eigenen Reihen. Bis 1955 (danach nach Elm-Sprengen bei Saarlouis umgebettet) befand sich bei Altheim ein Soldatenfriedhof mit vielen Gräbern von SS-Soldaten, die wegen Befehlsverweigerung erschossen wurden und denen man nicht einmal namentliche Nennung und Kreuz zustand. Am 15. März erfolgte dann, neben gleichzeitigen Offensiven im Saarbachtal um Ommersheim, bei Utweiler ein US-amerikanischer Vorstoß mit Panzereinheiten, die zwei Tage später bis zum Westwall vorrücken konnten, womit die Kampfhandlungen im Bliesgau schließlich ein Ende hatten (Abb. 78). Einen Monat später kehrten allmählich die Bewohner in ihre zur Trümmerstätte gewordenen Behausungen zurück und ein weiterer Monat später, am 8. Mai 1945, war der Krieg zu Ende. Keine andere Epoche hat in nur sechs Jahren so viele geschichtliche Narben hinterlassen.

Seite 98:
Abb. 77: In den kilometerlangen Stollen des Kalkbergwerks von Gersheim fanden ab Dezember 1944 für etwa 100 Tage ca. 2.000 Menschen aus dem unteren Bliesgau Schutz vor den schweren Kampfhandlungen.

Abb. 78: US-Soldaten am 15. März 1945 beim Überqueren der Blies bei Habkirchen über einen Holzsteg.

Die Jahrzehnte nach dem Zweiten Weltkrieg

Wiederaufbau und beginnender Strukturwandel

von Andreas Stinsky

Im Juli 1945 zogen die US-Truppen ab und eine französische Militärregierung nahm ihre Arbeit auf. Ende 1946 wurde die Grenze zu Deutschland geschlossen und 1947 das Saarland eine halbautonome Region mit enger Verflechtung zu Frankreich. Im selben Jahr wurde als Währung die Saar-Mark eingeführt, die nach nur wenigen Monaten durch den französischen Franc abgelöst wurde, wodurch zugleich eine Wirtschaftsunion mit Frankreich bestand. Die Franc-Münzen wurden durch eigene Prägungen ergänzt, die als Saar-Franken bezeichnet wurden. 1948 wurde die saarländische Staatsbürgerschaft eingeführt, die mit dem französischen Zusatz *Sarrois* versehen wurde. Zwar wurde das Saarland völkerrechtlich nie von einem anderen Staat explizit anerkannt, doch trat es international zunehmend als souveränes Land auf.

Die Orte lagen zu dieser Zeit in Trümmern, durch die Kriegstoten war die Bevölkerung deutlich geschrumpft und aufgrund der vielen an der Front Gefallenen gab es einen deutlichen Männermangel. Hinzu kamen die Kriegsgefangenen, die z. T. erst 1948 zurückkehrten. In den Feldern rund um die Dörfer waren gegen Ende des Krieges erneut Minenfelder gelegt worden, deren Räumung bis 1947 andauern sollte.

Die Aufräum- und Wiederaufbauarbeiten in den völlig ruinösen Dörfern gingen aufgrund weniger Arbeitskräfte, fehlenden Geldes sowie Materialmangels nur schleppend voran und zogen sich über zweieinhalb Jahrzehnte. Um sich das Ausmaß

Seite 100:
Abb. 79: Blick auf die Dorfmitte von Bebelsheim in den 1950er-Jahren.

der Zerstörungen vorzustellen: Für Utweiler ist dokumentiert, dass 97 % der Häuser schwere Beschädigungen aufwiesen, und während in Herbitzheim vor dem Krieg noch 133 Wohnbauten standen, gab es dort 1948 erst wieder ca. 60 bewohnbare Häuser. Die Vorkriegsverhältnisse bzgl. bewohnter Eigenheime wurden erst 1962 wieder erreicht. Den nicht mehr wiederverwendbaren Schutt der abgerissenen Häuser kippte man in alte Lehmgruben oder, bei den Bliesdörfern, in den Flussauen ab, sodass hier teilweise völlig neue Geländesituationen entstanden. Um den bis dahin bestehenden Wohnraummangel auszugleichen, waren vielerorts hölzerne Baracken errichtet worden. Der Wiederaufbau der Orte dauerte letztlich etwa 20 Jahre. Bis heute sind an dem Mauerwerk des ein oder anderen Gebäudes Einschusslöcher erkennbar, die an diese zerstörerische Epoche erinnern.

1948 wurde das seit dem Ausbruch des Krieges nicht mehr genutzte und undichte Freibad in Blickweiler verfüllt und in eine Gewerbefläche gewandelt. Mit dem Krieg fanden auch die Kalkwirtschaft in Blickweiler sowie der Betrieb des Steinbruchs am Kalbenberg zwischen Ballweiler und Wolfersheim ein Ende, wo zuvor rund 90 Menschen Arbeit gefunden hatten. Allein im Kalkwerk Gersheim gingen der Abbau und die Produktion weiter. Nach Beseitigung der Kriegsschäden und einem Ausbau bis 1952 wurden hier täglich bis zu 450 t Stückkalk produziert, wozu rund 365 Menschen Arbeit fanden. Das am Ende des Krieges zu einer Trümmerstätte zerschossene Kalkwerk in Blickweiler war hingegen nach und nach abgerissen worden. 1950 wurde schließlich auch der 62 m hohe Schornstein, der zu einem Wahrzeichen des Dorfes geworden war, gesprengt.

Am 14. November 1948 ereignete sich am Ortseingang von Breitfurt ein tragisches Unglück. In einem alten Lastwagen, der den Krieg überstanden hatte, fuhr die Fußballmannschaft des SV Rohrbach mit Anhängern zu ihrem Auswärtsspiel in Richtung Herbitzheim in den Bliesgau. Als ein Steuersegment des mit 48 Personen übervoll besetzten LKWs brach, war dieser nicht mehr zu lenken, kam von der Straße ab und rutschte auf nassem Gras trotz Bremsens über die hohe Uferböschung in die Blies. Da die Ladefläche mit einer Plane überspannt war und sich der Innenraum

in Sekundenschnelle mit Wasser füllte, gelang es 20 Personen nicht mehr aus dem Wagen zu klettern, bevor sie ertranken. Heute erinnert ein sandsteinernes Denkmal neben der Landstraße an das Unglück und die Verstorbenen.

Mit dem Wiederaufbau ging eine Modernisierung der Orte nach dem damaligen Zeitgeschmack einher, wobei zugleich auch eine Anpassung der Straßen und teils engen Gassen für den Automobilverkehr umgesetzt wurde, auch wenn dieser in der ländlichen Region noch bis in die 1960er-Jahre hinein bescheidene Ausmaße aufwies. Dies führte dazu, dass die Straßen verbreitert und mit flankierenden Gehwegen ausgestattet wurden, wofür bei so manchem alten Anwesen die Eingangstreppe abgerissen werden musste, wodurch fortan die Haustür nicht mehr zugänglich war und zugemauert wurde – ein unschöner Bruch im ursprünglichen Charakter der Hausfront, wie er vielerorts bis heute noch anzutreffen ist. An manchen Stellen wurden einzelne Wohnhäuser sogar komplett abgerissen, um eine breitere Straßensituation zu schaffen. Mit der Anpassung der Dörfer an den Autoverkehr wurden um 1950 auch mehrere Bäche wie etwa der Laudenbach in Herbitzheim oder der Waldklammbach in Reinheim kanalisiert und unter das Straßenpflaster verlegt, die bis dato offen durch die Ortskerne verliefen. Insbesondere für Reinheim stellte dies einen massiven Wandel des bisherigen Erscheinungsbildes des Dorfes dar, da

Abb. 81: Ab den späten 1950er-Jahren wurden, wie hier in Herbitzheim, die hölzernen Notbrücken durch Stahlbetonbrücken ersetzt.

der kleine Bach zuvor offen auf der Hauptstraße in einem breiten, mit Kalksteinen gepflasterten Bett, dem sog. Flutgraben, bis zu seiner Mündung in die Blies verlief und so ein markantes und zugleich kurioses Wahrzeichen darstellte.

Da im Krieg sämtliche historische Bliesbrücken gesprengt worden waren, dienten vielerorts, z. T. bis in die 1960er-Jahre, hölzerne Notbrücken zur Überquerung des Flusses (Abb. 80). Ab Ende der 1950er-Jahre wurden diese dann durch die bis heute bestehenden Stahlbetonbrücken ersetzt (Abb. 81).

Mitte der 1950er-Jahre wurden großflächige Neubaugebiete am Rand der Dörfer erschlossen, die das zuvor stark in die Landschaft eingebundene Erscheinungsbild der einst beschaulichen Flecken innerhalb weniger Jahre völlig veränderte. Zu dieser Zeit entstanden in den meisten Dörfern auch Milchsammelstellen, im Dialekt *Millich-Heisjer* genannt, mit ihren typischen Rampen und seitlichem Treppenaufgang, in denen die Bauern eines Dorfes ihre Milch abgaben und von wo aus diese dann gesammelt an Großabnehmer transportiert wurde.

Nach Verhandlungen des deutschen Bundeskanzlers Konrad Adenauer (reg. 1949–63) mit der französischen Regierung einigte man sich darauf, die Saarländer in einer weiteren Volksabstimmung darüber entscheiden zu lassen, ob sie den bisherigen Status beibehalten oder eine Angliederung an die Bundesrepublik Deutschland wollten. Bei der 1955 durchgeführten Abstimmung votierten 67,7 % für einen Anschluss an Deutschland, woraufhin das Saarland am 1. Januar 1957 der Bundesrepublik einverleibt wurde.

In der seit dem späten 19. Jh. traditionell mit einem breiten Vereinsspektrum ausgestatteten Region wurden während der Zeit des wirtschaftlichen Aufschwungs der 1950/60er-Jahre bei nahezu jedem Ort neue Sportplätze und Angelweiher angelegt.

Aufgrund sinkender Passagierzahlen fuhren ab 1959 auf dem zwischen Bliesbruck und Sarreguemines verlaufende französische Teil der Bliestalbahn keine Personenzüge, ab 1974 schließlich auch keine Güterzüge mehr. Gegen Pläne, auch den saarländischen Teil der Strecke zu schließen, gab es zunächst noch erfolgreiche Proteste in der Bevölkerung.

In den 1960er-Jahren wurde die Seilschwebebahn, die von den Kalksteinbrüchen auf den Höhenrücken zum im Tal in Gersheim gelegenen Kalkwerk Steine transportierte, durch eine überdachte Förderbandbrücke ersetzt (Abb. 82b). Die Gebäude der seit dem Ausbruch des Zweiten Weltkrieges aufgegebenen Brauerei in Walsheim hingegen dienten noch bis Anfang der 1980er-Jahre als Produktions- und Lagerstätten für diverse Unternehmen, ehe die traditionsreiche Anlage 1981/82 inklusive ihres prägnanten Brauereiturms abgerissen wurde (Abb. 83). Allein ein Teil des alten Gewölbekellers aus dem späten 19. Jh. blieb erhalten.

1976 wurde das Freibad bei Walsheim, das auf einen Eisweiher der ehemaligen Brauerei zurückgeht und 1937/38 mit betoniertem Becken als Schwimmbad eröffnet wurde, umfassend modernisiert. Als großes Freizeitzentrum wurde 1977 in Blieskastel ein Hallen- und Freibad mit angegliederter Sporthalle errichtet und das alte dortige Freibad geschlossen. Vier Jahre später wurde daraufhin das Freibad im benachbarten Mimbach trotz eines Protestmarsches von 200 Bürgern geschlossen und anschließend abgerissen.

In den 1980er-Jahren setzte für das letzte verbliebene Kalkwerk in Gersheim eine unruhige Phase mit kurzzeitigen Stilllegungen, vereinzelten Modernisierungen und häufigen Eigentümerwechseln ein.

Auf den Straßen des Bliesgaus findet seit 1988 einmal im Jahr die Saarland Trofeo, ein internationales Radrennen für Junioren mit über 100 Fahrern, statt, zu deren früheren Teilnehmern u. a. der spätere Tour-de-France-Gewinner Jan Ullrich zählt.

1989 wurde beidseits der deutsch-französischen Grenze zwischen den Dörfern Bliesbruck und Reinheim unter dem Namen Europäischer Kulturpark ein Archäologiepark

Seite 104:
Abb. 82a/b: Die drei 1952 fertiggestellten Schachtöfen, die eine Tagesleistung von jeweils 100 t gebranntem Kalk erbrachten, und Verladesilos des Kalkwerks Gersheim sowie die von den 1960er-Jahren bis 2005 quer das Tal überspannende Förderbandbrücke, in der im Steinbruch abgebauter Kalk zu den Öfen befördert wurde.

Abb. 83: Die Brauerei in Walsheim während ihres Abrisses im Jahr 1982. Von ihr hat sich nur ein Gewölbekeller aus dem späten 19. Jh. erhalten.

Abb. 84: Im Dezember 1993 fand ein Hoch-wasser statt, das mit einem Pegelstand der Blies von fast 7 m das höchste jemals doku-mentierte im Bliesgau darstellt. Die Innen-stadt von Blieskastel war zeitweise nur noch mit Schlauchbooten erreichbar.

gegründet. Auf der Fläche waren seit dem 19. Jh. regelmä-ßig spektakuläre Funde aus keltischer und römischer Zeit gemacht worden, wie 1954 ein Fürstinnengrab aus der Zeit um 370 v. Chr., weshalb die Fläche museal erschlossen wur-de und heute zu den größten und wichtigsten Kultureinrich-tungen im Bliesgau gehört.

Zwischen 1989 und 1999 spielte der TV Niederwürz-bach in der 1. Handballbundesliga, wo er mehrfach zu den Spitzenteams gehörte, zweimal im Finale des DHB-Pokals stand und 1995 einen internationalen Pokalwettbewerb gewann. Er ist bis heute der bekannteste Handballverein im Saarland. 1999 muss-te sich der Verein aus finanziellen Gründen aus dem Profibereich zurückziehen und spielt seither nur noch in Amateurklassen.

Da die Fahrgastzahlen immer weiter gesunken waren, wurde 1991 nach 112 Jahren der Eisenbahnverkehr zwischen Reinheim und Bierbach stillgelegt. 2000 wurde die Trasse in einen asphaltierten Radweg, den Bliestal-Freizeitweg, umge-wandelt. Bis heute sind entlang dessen weiße Kilometersteine erhalten geblieben, auf denen die Distanz in Kilometern zum Hauptbahnhof in Homburg angegeben ist.

Der unglaublich regenstarke Dezember 1993 führte dazu, dass am 20. des Mo-nats die Wassermassen der Blies die umliegenden Orte überschwemmten. Zu den Häusern in der unteren Innenstadt von Blieskastel konnte man in den folgenden drei Tagen nur mit Schlauchbooten gelangen (Abb. 84). Es ist bis heute das Hochwasser an der Blies mit den höchsten jemals dokumentierten Pegelständen. An ihrem Un-terlauf wurden Pegelstände von fast 7 m gemessen, die sonst unter 2 m betragen.

In den 1990er-Jahren setzte im Bliesgau, wie im gesamten Saarland, ein Bevöl-kerungsrückgang ein, dessen Tendenz bis heute steigend ist.

Seite 107:
Abb. 85: Blick auf den Bliesgau vom Wintringer Hof aus.

AUSFLUGTIPPS: SEHENSWÜRDIGKEITEN AUS DER 2. HÄLFTE DES 20. JHS.

Herbitzheim	Kirche St. Barbara, 1974

Abb 86a: Blick auf
Wolfersheim, das Dorf
im Bliesgau, das durch
diverse Initiativen viel-
leicht am besten seinen
ursprünglichen Charme
als pittoreskes Bauern-
dorf wiederaufleben
lassen konnte.

Maschinen erschweren. Zahlreiche ungenutzte Flächen verbuschen zunehmend, wodurch sich der offene Landschaftscharakter an manchen Hängen allmählich hin zu Busch- und Niederwaldgruppen wandelt.

Obwohl im Bliesgau die Arbeitslosenquote nur ca. 4 % beträgt, prosperieren die öffentlichen Haushalte nicht wie gewünscht. So war Gersheim um 2015 die am höchsten verschuldete Gemeinde im Saarland und gehörte, pro Kopf gerechnet, auch in ganz Deutschland zu den Kommunen unter 10.000 Einwohnern mit den höchsten Schulden. Zu den größten Arbeitgebern an der Blies gehören mit 1.300 Angestellten eine weltweit operierende Elektroinstallationsfirma mit Hauptsitz in Blieskastel sowie mit 350 Angestellten die seit 1975 bestehenden Bliestal Kliniken, eines der größten Reha-Zentren im Saarland, in Lautzkirchen.

Dem Strukturwandel wirkt man durch neue Schwerpunktbildungen insbesondere in den Bereichen Natur und Kultur entgegen. Daraus entsprangen 1989 die Gründung des Europäischen Kulturparks Bliesbruck-Reinheim, der jährlich bis zu 50.000 Besucher anlockt, und 2009 die Anerkennung als UNESCO-Biosphärenreservat, um die einzigartige, alte Kulturlandschaft zu schützen und die Gegend hinsichtlich der Wechselwirkungen zwischen Natur und menschlichem Handeln zu einer nachhaltigen Modellregion zu entwickeln. Der nachhaltige Charakter soll dabei alle Lebensbereiche wie Natur, Wirtschaft, Regionalentwicklung, Bildung, Kultur und Tourismus umfassen. Deutlich spürbare Erfolge sind dabei insbesondere Absatzsteigerungen bei regionalen Produkten, zu denen in erster Linie Obst- und Milchprodukte, Öle, Essig, Wurst und Honig zählen, sowie ein Anstieg an Besucherübernachtungen in der Region. Den sanften Tourismus in der Gegend dauerhaft zu

Abb. 86b: Ein Bauernhaus in Mimbach aus dem 18. Jh.

verankern, ist eine wichtige Perspektive für den Bliesgau, um neue Einnahmemöglichkeiten sowie zugleich Anreize und Strukturen zu schaffen, die u. a. zum Erhalt der einzigartigen Kulturlandschaft beitragen können. Hinsichtlich des Natur- und Artenschutzes werden die eingerichteten Schutzzonen in Wäldern, sog. Kernzonen, einen wichtigen Beitrag leisten. In diese greift der Mensch inzwischen schon seit 2009 nicht mehr wirtschaftlich und gestalterisch ein und soll dies auch in Zukunft nicht mehr tun.

Mit seiner malerischen Kulturlandschaft, seinem architektonischen Erbe, seiner Artenvielfalt, seinen vielfältigen Denkmälern aus seiner wechselvollen Geschichte und nicht zuletzt aufgrund seiner spannenden Lage am Übergang zwischen französischer und deutscher Lebensart besitzt der Bliesgau ein mannigfaltiges Rüstzeug, um mit Leidenschaft und Innovation die Region sowohl für Einheimische als auch Touristen in eine attraktive Zukunft zu führen.

Zeittafel

Die letzten Jahrhunderte v. Chr.
Der keltische Stamm der Mediomatriker siedelt zwischen Mosel und Blies.

1.–5. Jh. n. Chr.
Römische Villen prägen das Land und wandeln die Gegend in eine offene Kulturlandschaft.

6.–7. Jh.
Franken besiedeln den Bliesgau und gründen die Orte, die auf -heim und -ingen enden.

Ende 8. Jh.
Erste Erwähnung des Namens Bliesgau (*pagus Blesinse*) und Herausbildung des Herrschergeschlechts der Bliesgaugrafen, die zunächst in Habkirchen residieren.

11. Jh.
Die Burg in Blieskastel wird gegründet, die zum Sitz der Bliesgaugrafen wird.

1237
Das Geschlecht der Bliesgaugrafen stirbt nach einem halben Jahrtausend aus.

1243
Das Kloster Gräfinthal wird durch die Blieskasteler Gräfin Elisabeth I. gegründet.

1337
Blieskastel kommt unter die Herrschaft des Erzbistums Trier und wird fortan als Lehen vergeben.

um 1533
Die Bliesgaudörfer, die zum Herzogtum Pfalz-Zweibrücken gehören, werden protestantisch. Gleiches geschieht 1547 auch mit jenen in der Grafschaft Saarbrücken.

1618–48
Im Dreißigjährigen Krieg werden die Orte im Bliesgau zerstört und die Gegend fast entvölkert.

1660
Das Erzbistum Trier verkauft das Amt Blieskastel mit seinen 17 Dörfern an Hugo Ernst von der Leyen, der es zur eigenständigen Herrschaft erhebt.

1661
Die Burg in Blieskastel wird abgerissen und durch

ein Schloss ersetzt. In den Folgejahren wird der Bliesgau mit vielen Menschen v. a. aus der Schweiz und Tirol aufgesiedelt.

1670
Französische Truppen besetzen Lothringen und den Bliesgau bis 1697.

1717
Die polnische Prinzessin Anna Leszczyński wird in der Klosterkirche von Gräfinthal beigesetzt. Ihr Vater Stanislaus I., zu jener Zeit im Exil in Zweibrücken, war ein Förderer des Klosters.

1773
Die Reichsgrafen von der Leyen verlegen ihre Residenz von Koblenz nach Blieskastel.

1782–89
Rund um den Würzbacher Weiher entsteht auf Geheiß der Blieskasteler Reichsgrafen von der Leyen ein Englischer Landschaftspark mit einem größeren Schloss und weiteren herrschaftlichen Anwesen.

1785 / 86
Das Kloster Gräfinthal wird aufgelöst.

1790
Nicolas Villeroy erwirbt Anteile an einer Fayence-Manufaktur in der Burg von Frauenberg, aus der 1836 das Weltunternehmen Villeroy & Boch hervorgehen sollte.

1792 / 93
Französische Revolutionstruppen besetzen den Bliesgau. Es erfolgt die Zerstörung fast aller Schlösser in der Gegend. Schlacht von Biesingen zwischen französischen und preußisch-sächsischen Truppen.

1795
Der Bliesgau wird französisch verwaltet und gehört ab 1797 offiziell zu Frankreich.

1804
Zu Ehren Napoléons wird in Blieskastel ein Brunnenobelisk errichtet.

1816–1919
Der Bliesgau gehört zum Königreich Bayern.

1817– ca. 1900
Aufgrund von Hungersnöten und Arbeitslosigkeit kommt es zu Auswanderungswellen nach Amerika.

1829
Der Kirchheimer Hof wird von einem französischen Baron erworben, der ihn zu einem herrschaftlichen Landsitz ausbaut. Dessen Sohn lässt einen Englischen Landschaftspark anlegen und 1893 den nach ihm benannten Alexanderturm errichten.

1848
In Walsheim wird eine Familienbrauerei gegründet, die bald darauf zu den erfolgreichsten im Saargebiet zählen sollte.

1854
Eine Cholera-Epidemie bricht aus.

1871
Nach dem Deutsch-Französischen Krieg muss Frankreich das nördliche Lothringen und Elsass ans Deutsche Reich abtreten, wodurch der Bliesgau für das nachfolgende halbe Jahrhundert keine Grenzregion mehr darstellt.

1876
Der Freishauserhof wird von Oskar Kraemer, dem Besitzer der St. Ingberter Eisenschmelze, erworben und mit einem prächtigen Herrenhaus ausgestattet.

1879
Die Bliestalbahn genannte Eisenbahnstrecke wird eröffnet.

Ende 19. Jh.
Erste Sportvereine werden gegründet.

1888–98
Die Kalkwerke von Herbitzheim, Gersheim und Blickweiler werden gegründet.

1920
Nach dem Ersten Weltkrieg stellt der Bliesgau wieder eine Grenzregion dar und wird Teil des neu definierten Saargebietes, das unter Völkerbundregierung gestellt wird.

um 1920
Erstmals gibt es in den meisten Dörfern elektrischen Strom.

1921
Das Webenheimer Bauernfest, das größte Volksfest im Bliesgau, wird zum ersten Mal gefeiert.

1922
Der Kalksteinbruch bei Gersheim wird unter Tage verlegt. Es entsteht in der Folge ein 160 km langes Stollennetz.

1935
Saarabstimmung, in deren Folge das Saargebiet mit dem Bliesgau ans Deutsche Reich angegliedert wird.

1937–40
Der Westwall wird gebaut, der durch den Norden des Bliesgaus verläuft.

1939
Am 1. September beginnt der Zweite Weltkrieg und alle Orte südlich des Westwalls werden evakuiert. Die Bewohner werden zum Sommer 1940 / Frühjahr 1941 v. a. nach Thüringen und Franken gebracht. Alle Bliesbrücken werden durch deutsche Soldaten gesprengt und Kampfhandlungen finden zwischen der deutschen Wehrmacht und der französischen Armee statt, wodurch die grenznahen Orte schwere Zerstörungen erleiden.

1944

Im Dezember erfolgt eine zweite, chaotische Eva-kuierung der grenznahen Dörfer im Bliesgau. In die Stollen des Kalkbergwerks in Gersheim flüchten für mehrere Monate rund 2.000 Menschen. Bis ins Frühjahr 1945 erfahren die Dörfer durch Kampf-handlungen zwischen der deutschen Wehrmacht und US-Truppen starke Zerstörungen.

1945

Mitte März stoßen US-Truppen bis zum Westwall vor, wodurch die Kampfhandlungen im Bliesgau enden. Am 8. Mai ist der Krieg zu Ende.

1947

Das Saarland wird eine halbautonome Region unter starkem französischen Einfluss.

1957

Nach einer Volksabstimmung im Jahr 1955 wird das Saarland an die Bundesrepublik Deutschland ange-gliedert.

1959

Der Personenverkehr auf dem französischen Teil der Bliestalbahn wird eingestellt.

1981–2010

Das Kleintiroler Weiherfest bei Rubenheim erinnert an die nach dem Dreißigjährigen Krieg in den Blies-gau gezogenen Tiroler.

1988

Seither wird alljährlich die Saarland Trofeo, ein internationales Radrennen für Junioren im Bliesgau, veranstaltet.

1989

Der Europäische Kulturpark Bliesbruck-Reinheim wird gegründet.

1991

Die Bliestalbahn wird stillgelegt und später in einen Freizeitweg gewandelt.

1993

In diesem Jahr ereignet sich das sog. Jahrhundert-hochwasser, aufgrund dessen die Innenstadt von Blieskastel nur noch mit Schlauchbooten zugänglich ist.

2005

Mit dem Gersheimer Werk schließt das letzte Kalk-werk im Bliesgau.

2009

Die Region wird zum UNESCO-Biosphärenreservat.

Übersicht der Grenzverschiebungen seit dem späten 18. Jh.

Eine Region, deren Bewohner binnen 200 Jahren siebenmal die Nationalität wechselten

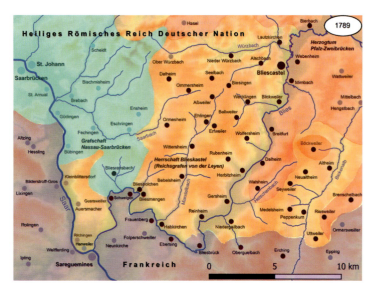

Karte 1: Die Karte zeigt die politischen Territorien im Bliesgau am Vorabend der Französischen Revolution 1789.

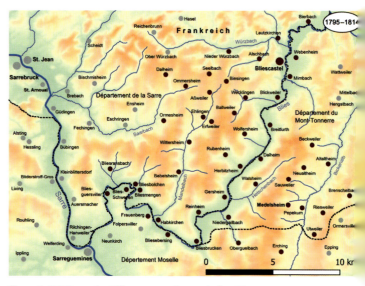

Karte 2: 1793 war der Bliesgau von französischen Truppen besetzt, ab 1795 französisch verwaltet und gehörte ab 1797 bis 1814 offiziell zu Frankreich.

GESCHICHTE

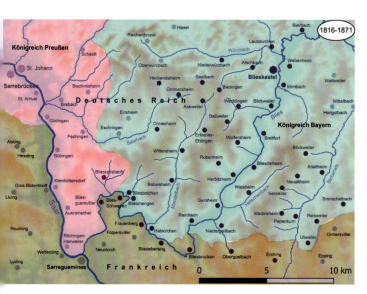

Karte 3: Die politischen Zugehörigkeiten im Bliesgau von 816 bis zur Gründung des Deutschen Kaiserreiches 1871.

Karte 4: Die politischen Grenzen im Bliesgau nach der Gründung des Deutschen Kaiserreiches 1871, zu dem bis 1918 auch Elsass-Lothringen gehörte.

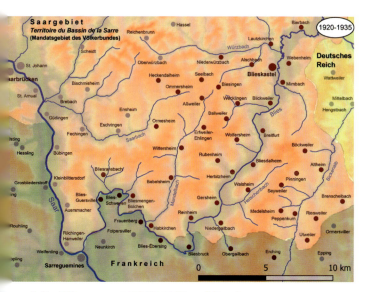

Karte 5: Der Bliesgau von 1920 bis 1935, nachdem das unter Völkerbundregierung stehende Saargebiet erstmals als politische Einheit definiert worden war.

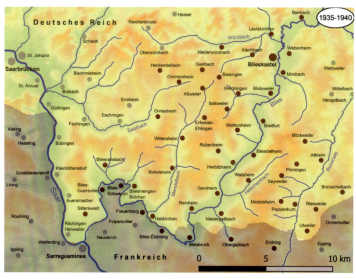

Karte 6: Der Bliesgau zwischen 1935 und 1940, nachdem das Saargebiet dem Deutschen Reich einverleibt worden war.

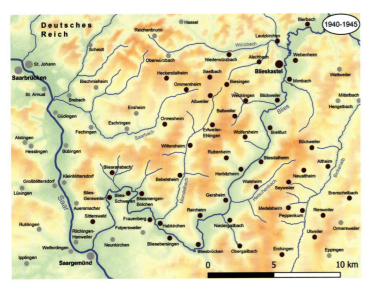

Karte 7: Zwischen 1940 und 1945 war das angrenzende Lothringen von der deutschen Wehrmacht besetzt. Zu dieser Zeit waren für alle französischen Orte deutsche Schreibweisen verordnet worden.

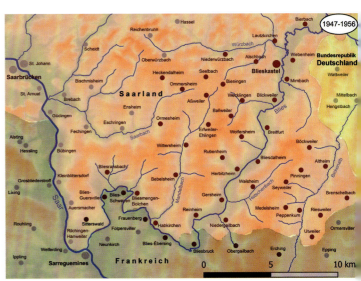

Karte 8: 1947 wurde das Saarland, für dessen Festlegung man sich an den Grenzen des 1920 eingerichteten Saargebietes orientiert hatte, eine halbautonome Region unter französischem Protektorat.

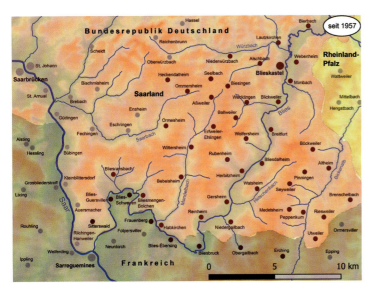

Karte 9: Nach einer Volksabstimmung 1955 wurde das Saarland 1957 ein Teil der Bundesrepublik Deutschland.

Seite 119, Abb. 87: Die Lage im deutsch-französischen Mischraum spiegelt sich durch Einflüsse beider Kulturen u. a. in Sprache, Mentalität oder Architektur. Hier ein Haus aus dem 18. Jh. in Mimbach.

GESCHICHTE

Die Orte

Abb. 92: Luftbild der Altstadt von Blieskastel mit dem Schlossfelsen.

Adelsfamilien mit der Bliesgaugrafschaft, welche dort die Verwaltung für Trier über-nahmen. Im Laufe des Spätmittelalters dürfte Blieskastel das Stadtrecht erhalten haben, wann genau, ist jedoch unbekannt.

Ab 1456 erlangte das Adelsgeschlecht der von der Leyen erstmals Rechte und Güter an Blieskastel, was für die spätere Entwicklung der Stadt noch von großer Be-deutung sein sollte. Ab 1535 kam Friedrich von Eltz in den Besitz des Blieskasteler Lehens, das bis 1663 in Händen der aus der Vordereifel stammenden Familie blei-ben sollte. Mit den von Eltz und den von der Leyen lebten im Spätmittelalter und der Frühen Neuzeit Vertreter zweier Adelsfamilien in getrennten Wohngebäuden auf der Burg. Die Burg, bestehend aus größerer Vor- und Hauptburg mit überdachter Ringmauer und Wassergraben, mächtigem Bergfried, einem weiteren Turm, mehre-ren Wohn- und Wirtschaftsgebäuden, Stallungen, einer kleinen Kapelle und Gärten, stellte damals eine größere Anlage dar, zu der es jedoch nur literarische Beschrei-bungen, aber keine bildlichen Darstellungen gibt. Auch die Siedlung am Fuße des Schlossbergs war mit einer Mauer umgeben, die drei Tore aufwies.

1522 führte der Ritter Franz von Sickingen eine Fehde gegen das Erzbistum Trier und nahm dabei nach einer Belagerung auch die Burg samt Siedlung von Blieskastel ein, wodurch beides größere Schäden durch Brände erlitt.

1553 wurde Blieskastel aus Geldnot des Trierer Erzbistums an die Grafen von Nassau-Saarbrücken verpfändet, in deren Besitz es bis 1634 verblieb. Danach kam das Amt Blieskastel wieder zum Erzbistum Trier.

Der Dreißigjährige Krieg (1618–48) traf die Ortschaft so sehr, dass 1651 nur noch vier Haushalte bewohnt waren und die Burg so sehr zerstört war, dass selbst der große Bergfried teilweise eingestürzt war. 1660 veräußerte der Trierer Erzbischof die verfallene Burg und das Amt Blieskastel an einen seiner Brüder. Dieser zahlte die von Eltz aus und erwarb weitere Gebiete im Bliesgau, die, da verwüstet nach dem verheerenden Krieg, günstig zu bekommen waren. Als neue Alleinherrscher über ein überschaubares Territorium an der unteren Blies ließen sich die von der Leyen ab 1661 / 62 ein modernes Schloss anstelle der ruinösen Burg errichten. Die Bauarbeiten hierfür zogen sich rund 20 Jahre.

Nachdem 1761 Franz Carl von der Leyen als Reichsgraf die Regierungsgeschäfte über die verstreut liegenden Besitztümer der Familie übernommen hatte, verlegte er im Mai 1773 seinen Wohnsitz dauerhaft von Koblenz nach Blieskastel. Eine bemerkenswerte und kuriose Entscheidung, deren genaue Beweggründe bis heute ungeklärt sind. Bis 1778 wurde daraufhin das Schloss zeitgemäß renoviert und die Schlossgärten neu gestaltet. Daneben erweiterte man die Altstadt unterhalb des Schlossfelsens um einen großen Marktplatz, der auch als Exerzierplatz für die 16 Mann starke Hofgarde diente. Als flankierendes Element wurde an dessen Ostseite ein multifunktionaler Bau errichtet, der als Markthalle, Waisenhaus und Oberamt diente und heute als Rathaus fungiert (s. Abb. 53). Entlang der Straße, die zum Schloss hinaufführt, entstanden zeitgleich hoch repräsentative Beamtenhäuser und gegenüber diesen ein Kloster, für das die heutige Schlosskirche erbaut wurde (s. Abb. 57).

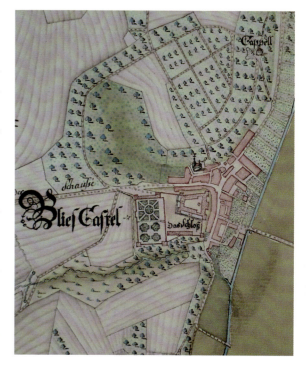

Abb. 93: Plan der Stadt Blieskastel mit Schloss aus dem Jahr 1761. Der Paradeplatz existiert darauf noch nicht. Wo heute die Bahnhof- und Saargemünder Straße verlaufen, verlief damals ein von der Blies abgeleiteter Graben zum Betreiben einer Mühle. Die eingezeichnete Stadtkirche steht heute nicht mehr, sie wurde 1934 abgerissen. Rechts oben ist die Heilig-Kreuz-Kapelle (Cappell) beim heutigen Kloster eingezeichnet.

Bereits 1775 starb Graf Franz Carl, woraufhin seine Witwe Marianne die Regierungsgeschäfte übernahm. 1789/90 wurde die hölzerne Bliesbrücke durch eine steinerne ersetzt. Am 14. Mai 1793 musste die Reichsgräfin aus Blieskastel fliehen, da das Schloss von französischen Revolutionstruppen umstellt war. Es wurde geplündert, all seiner hölzernen Ausstattung, selbst seiner Parkettböden, beraubt und französische Soldaten darin einquartiert. Ein Brand sorgte zusätzlich für erhebliche Zerstörungen. Nachdem der Bliesgau 1795 unter französische Regierung gekommen und die Stadt zum Hauptort eines Kantons geworden war, wurde das Schloss an einen Bauunternehmer aus Saarbrücken versteigert, der es abbrechen ließ, um die Materialien zu verkaufen. Bis 1802 standen noch hochaufragende Teile des Schlosses, das bis 1820 dann dem Erdboden gleichgemacht wurde. Heute sind nur noch seine Fundamente, das Sockelgeschoss des Mitteltraktes sowie der sog. Lange Bau (s. Abb. 51) erhalten.

Seit 1975 bestehen im Ortsteil Lautzkirchen die Bliestal-Kliniken und seit 1978 ist die Stadt ein anerkannter Kneippkurort. 1986 wurde für die Altstadt ein Denkmalschutzprojekt ins Leben gerufen, durch das inzwischen fast 200 Einzeldenkmäler unter Schutz gestellt wurden. Dadurch konnte Blieskastel als barockes Kleinod erhalten werden, was das Image der sonst eher unscheinbaren Stadt bis heute prägt.

Was Siedlungsnamen verraten

-heim, -ingen, -weiler und Co.

von Andreas Stinsky

Die ersten Namensbelege aus der Saargegend stammen aus der Römerzeit, wobei es im Bliesgau mit Bolchen (von *Bollacum*) nur einen Ortsnamen gibt, der im Lateinischen wurzelt. Dies zeigt an, dass nach der Spätantike kaum noch romanische Bevölkerung verblieben war oder diese sich auch sprachlich vollkommen der neuen fränkischen assimiliert hatte.

Einen Anhaltspunkt für das relative Alter einer Ortschaft gibt meist bereits der Ortsname. Diese unterliegen in verschiedenen Epochen Moden. Fast alle Siedlungen, die nach der Landnahme durch die Franken im 6./7. Jh. gegründet wurden, enden auf -heim und -ingen. Dies lässt sich gut daran ablesen, dass sich Grabfunde aus der sog. Merowingerzeit in der Region fast ausschließlich bei Dörfern finden, deren Namen entsprechende Endungen aufweisen.

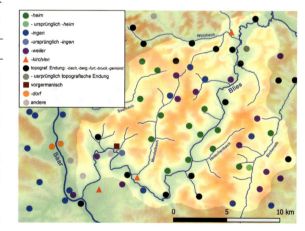

Abb. 94: Karte der verschiedenen Ortsnamenendungen im Bliesgau.

Standardisierte -heim-Ortsnamen mit topografischen Bezügen wie Dalheim („Heim im Tal") oder Kirchheim verweisen auf ehemals königlichen Landbesitz. Im Muschelkalkgebiet eine dichte Gruppe bildend (Abb. 94), gibt es in der unfruchtbaren Buntsandsteingegend keine -heim und -ingen-Orte, woraus zu schließen ist, dass ihre frühesten Bewohner in erster Linie Landwirtschaft betrieben.

Orte, die auf -weiler enden, entstanden vornehmlich in einer Ausbauphase im 7. und 8. Jh., meist an Hängen rund um -heim/-ingen-Orte, was ein Bevölkerungswachstum zu dieser Zeit andeutet. Da -weiler von *villare* kommt, was

Hof bedeutet, waren es zunächst vermutlich Einzelhöfe, die nach und nach zu Dörfern heranwuchsen. Wie bei den -heim und -ingen-Orten wurde auch den Namen der -weiler-Dörfer ein Bestimmungswort (z. B. Blick-weiler vom Personennamen Blicco) vorangestellt. Dieses nimmt Bezug auf den Namen des ersten Siedlers, des Gründers, eines Baches oder einer topografischen Gegebenheit.

Forschungen in Siedlungskammern in Baden-Württemberg zeigen, dass im Frühmittelalter mit einem Ortsnamen – ähnlich der heutigen Gemarkungen – bisweilen noch mehrere, nah beieinanderliegende Wohnplätze bezeichnet werden konnten. Erst im Laufe des Hochmittelalters kam dann auf, jeden einzelnen Platz mit einem eigenen Namen zu versehen. So wurden aus einzelnen Höfen, je nach ihrer Lage auf der Gemarkung, dann bspw. Mittel-, West- oder Niederhofen. Im Bliesgau sind darauf die Ortsnamen Nieder- und Obergailbach sowie Nieder- und Oberwürzbach zurückzuführen. Hinzu reihen sich die untergegangenen Siedlungen Westhofen bei Erfweiler-Ehlingen und Osthofen bei Walsheim sowie Ommersheim.

Eine Sonderstellung nehmen die -kirchen-Orte (Habkirchen, Lautzkirchen, Guiderkirch) ein, die bereits im Frühmittelalter entstanden, wobei die Endung lange Zeit vergeben wurde und somit für sich allein keinen Datierungshinweis liefert. Zumindest Habkirchen stellte einen wichtigen Kirchenstandort dar, sodass die Kirche namensgebend wurde.

Für Ortschaften, die zwischen dem 9. und 14. Jh. gegründet wurden, ist charakteristisch, dass ihre Namen Bezug auf topografische Gegebenheiten wie einen Bach (Mim-bach, Bliesrans-bach), eine Furt (Breit-furt), eine Anhöhe (Frauen-berg) oder Befestigung (Blies-kastel) nehmen.

Die zeitlich nicht näher eingrenzbaren -dorf und -hausen-Orte sind im Bliesgau jeweils nur einmal belegt: das untergegangene Bliedersdorf bei Wolfersheim und Freishausen, heute Freishauserhof. Der Name Winzelroth, wie das heutige Pinningen zwischen 1704 und 1726 genannt wurde, nimmt hingegen Bezug auf eine kleine Rodungstätigkeit (-roth) im Vorfeld der Siedlungsgründung.

Die regionale Wohnhausarchitektur

Charakteristische Haustypen durch die Jahrhunderte

von Andreas Stinsky

Römerzeit

Die frühesten Haustypen im Bliesgau, deren Aussehen sich annähernd rekonstruieren lässt, stellen sog. Streifenhäuser im *vicus* von Bliesbruck und zahlreiche Wohngebäude von Villen aus römischer Zeit dar. Trotz diverser Unterschiede im Einzelfall weisen die Überreste der dokumentierten Bauten in ihrer Summe so viele übereinstimmende Merkmale auf, dass sie als die zwei charakteristischsten Haustypen zwischen dem 2. und 4. Jh. n. Chr. angesprochen werden können.

Die bislang 26 erforschten Streifenhäuser in Bliesbruck stellen verhältnismäßig schmale, längsrechteckige Bauten dar, die mit ihrer Schmalseite zur Straße hin standen (Abb. 95). Diese Häuser konnten zwischen 16 m und 40 m lang sein, wobei ihre Breite zwischen 6 m und 12 m betrug. Die Ausgrabungsbefunde legen nahe, dass die Giebelseite der Satteldächer bei manchen zur Straße hin ausgerichtet war, bei anderen jedoch zu den flankierenden Nachbargebäuden hin. In letzterem Fall bestand zwischen den Bauten eine kleine Gasse, damit das Traufwasser abfließen konnte, ohne ins Mauerwerk zu geraten. Diese Streifenhäuser waren zweistöckig, wobei der erste Stock häufig etwas über das Erdgeschoss hinausragte, wofür gemauerte Stützen bestanden. Zur Straßenseite hin befand sich in der Regel ein Ladenlokal. Im Mittelteil der Gebäude schloss ein Werkstattbereich mit Öfen an. Im rückwärtigen Teil befanden sich meist ein mittels einer Fußbodenheizung beheizter Raum sowie ein Keller, der aber auch zur Straße hin liegen konnte. Im oberen Stockwerk waren

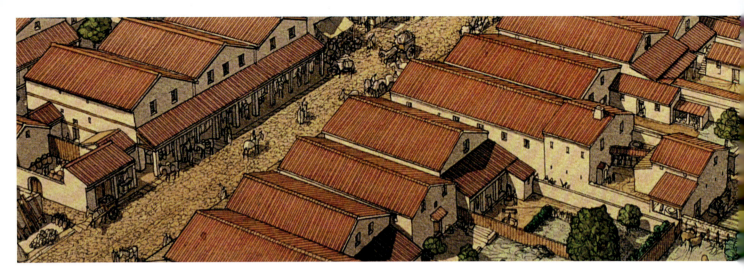

vermutlich Schlaf- und Lagerräume anzutreffen. Hinter den Anwesen folgte eine Grünparzelle, in denen Brunnen, Abfall- und Latrinenschächte gefunden wurden. Dieser Haustypus findet sich nur in geschlossenen Ortschaften und ist typisch für die nordwestlichen Provinzen des Römischen Reiches.

Die Bauernhöfe in römischer Zeit waren hingegen meist mit einem Haupthaus im Portikus-Risalit-Stil ausgestattet (s. Abb. 35). Um einen größeren zentralen Raum gruppierten sich dabei diverse Räume und zur Frontseite hin verlief ein überdachter Säulengang (*porticus*), der von zwei turmartigen Vorbauten (Risaliten) flankiert wurde.

In römischer Zeit, wie bis in die Mitte des 20. Jhs., verwendete man zum Hausbau regional anstehende Materialien. Während die zweischaligen Mauern aus Handquadern bestanden, die aus dem Trochitenkalk gebrochen wurden, fertigte man einzelne Elemente wie Ecksteine, Türschwellen, Keilsteine von Fenstern oder Säulen aus Sandstein, da dieser weich und daher leicht formbar war. Während der gesamten römischen Zeit waren auch hölzerne Fachwerkkonstruktionen sehr verbreitet. Die Dächer waren mit gebrannten Tonziegeln gedeckt.

Mittelalter

Kurioserweise liegen uns zum gesamten Mittelalter, also einer 1.000-jährigen Zeitspanne von 500 bis 1500, aus dem Bliesgau nahezu keine Belege zum Aussehen von

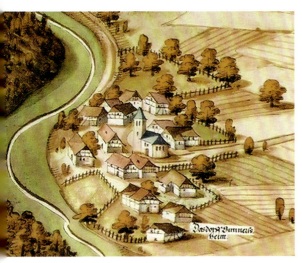

Wohnhäusern vor. Wir wissen über die römische Epoche weitaus mehr, was dies anbetrifft, als über die Zeit vor 500 Jahren.

Zwar können wir uns durch Ausgrabungen und Bauforschungen in Nachbarregionen ein ungefähres Bild davon verschaffen, wie auch die Wohnhäuser im Bliesgau während der verschiedenen Phasen des Mittelalters ausgesehen haben dürften. Aus Mangel an dokumentierten profanen Baubefunden aus der Region selbst wird diese Architekturperiode aber hier ausgespart.

16.–17. Jh.

Für das 16. Jh. sieht es mit der Quellenlage nicht wesentlich besser aus. Doch hier liefert ein Kartenwerk aus dem Jahr 1564 eine grobe Vorstellung vom Aussehen der Gebäude, wobei unklar ist, inwieweit die Darstellung vereinfacht ist (s. Abb. 49). Die Häuser sind jedenfalls mit einem rechteckigen Grundriss und einem recht steilen Satteldach verzeichnet. Die Darstellungen decken sich mit dem Bild einer recht detaillierten Panoramaansicht von Ommersheim aus dem Jahr 1581 (Abb. 96), bei der ebenfalls offenbleibt, inwieweit sie tatsächlich im Detail das Aussehen der damaligen Gebäude wiedergibt. Die meisten Gebäude sind Fachwerkhäuser, wobei manche Wände des Erdgeschosses verputztes Mauerwerk aufzuweisen scheinen. Zumindest ist das bei jedem Anwesen vorhandene, unter einem steilen Krüppelwalmdach gelegene Obergeschoss in Fachwerk ausgeführt, wobei die Gefache

Abb. 96: Die Darstellung von Ommersheim aus dem Jahr 1581 liefert eine gute Vorstellung vom Aussehen der Bliesgaudörfer und der Wohnhäuser im späten 16. und 17. Jh.

Abb. 97: Das in seiner ursprünglichen Substanz wohl am besten erhaltene, wenn auch danach mehrmals umgebaute, Wohnhaus des 17. Jhs., zugleich noch mit ansprechend renovierter Fassade, befindet sich in Blieskastel in der „Alten Pfarrgasse".

Abb. 98: Das Gasthaus „Zum alten Turm" in Lautzkirchen mit originalem Krüppelwalmdachstuhl, Eckerker und Treppenturm aus dem 17. Jh.

weiß verputzt sind. Tore im Erdgeschoss weisen auf Stallungen hin. Das Großvieh im Erdgeschoss zu halten, gewährleistete eine natürliche Wärmequelle für die darüber liegenden Wohnkammern. Während die rot dargestellten Dächer mit Tonziegeln gedeckt gewesen sein dürften, könnten die braun wiedergegebenen auf Stroh oder Holzschindeln verweisen. Gebäude dieser Art bestanden im Bliesgau bis zum Dreißigjährigen Krieg im 17. Jh.

Das älteste noch erhaltene und als solches dokumentierte Wohngebäude im Bliesgau stellt ein dreigeschossiges Wohn- und Geschäftshaus mit Gewölbekeller in der Blieskasteler Kardinal-Wendel-Straße dar. Es dürfte spätestens im Jahr 1596 erbaut worden sein, wie ein skulptierter Türsturz mit eingemeißelter Jahreszahl belegt. Das heutige Erscheinungsbild der Fassade ist jedoch mehrfach umgestaltet worden und besitzt nichts mehr vom ursprünglichen Charakter.

In der Blieskasteler Altstadt, insbesondere in der Kardinal-Wendel-Straße, haben sich Wohn- und Geschäftshäuser

Abb. 99: Ein 1709 erbautes Haus in Mimbach.

Abb. 100:
Das Kardinal-Wendel-Haus in Blieskastel aus dem frühen 18. Jh.

Seite 135:
Abb. 101, oben:
Nach dem Abriss des Nachbarhauses ist bei einem Haus aus dem 18. Jh. in Mimbach der Aufbau des Fachwerkgiebels zu erkennen.

erhalten, die im 17. Jh. errichtet wurden, die durch spätere Umbauten jedoch kaum mehr als solche zu erkennen sind. Gleiches gilt für ein Bauernhaus aus dem Jahr 1601 in Wolfersheim (s. Abb. 117). Das in seiner ursprünglichen Substanz wohl am besten erhaltene Wohnhaus des 17. Jhs. steht in Blieskastel in der „Alten Pfarrgasse" (Abb. 97).

Auch im Ortskern von Lautzkirchen hat sich ein Wohnhausensemble aus dem 17. Jh. erhalten. Darunter besonders imposant ist das Gasthaus „Zum alten Turm" mit originalem Krüppelwalmdachstuhl, Eckerker und Treppenturm (Abb. 98). Auch am Papierweiher und in der St. Ingberter-Straße in Lautzkirchen haben sich weitere Gebäude des 17. Jhs. mit Originaldachstühlen erhalten.

18. und frühes 19. Jh.

Im 18. Jh. kam ein in verschiedenen Varianten auftretender Haustyp auf, der als Südwestdeutsches Einhaus bezeichnet wird, da sich hier alle Wohn- und wirtschaftlichen Aktivitäten unter einem Dach mit ungebrochenem Dachfirst abspielten. Im Bliesgau weisen diese Bauten meist einen längsrechteckigen, breitgegliederten Grundriss sowie ein Sattel- oder Krüppelwalmdach auf. Wohn- und Wirtschaftsteil (Stall und Scheune) sind durch eine quer zum First verlaufende Trennmauer voneinander abgegrenzt.

Bei den frühesten Einhaustypen befand sich zwischen den Wohnräumen und dem Stall ein Vorraum und die Küche. Diese wurde komplett von einem großen, aus Fachwerk gebauten Kamin überspannt, der auf drei Wänden aufsaß. Neben dem Stall befand sich ein Dreschraum. Der gesamte Dachraum des Hauses diente der Lagerung der Garben und des Heus. Bis ins 18. Jh. bestanden viele Häuser aus Fachwerk und waren mit Stroh gedeckt. Zu dieser Zeit entwickelten sich zahlreiche Grundrissvarianten, wobei die Anzahl der Wohnräume allmählich anstieg und standardmäßig ein Obergeschoss errichtet wurde.

Die Dächer der Häuser dieser Zeit, die ursprünglich weder Gauben noch Luken aufwiesen, sind um 40 bis 45° geneigt, was dem Zweck diente, dass bei den Strohdeckungen das Wasser schnell abfloss und nicht einsickerte. Neben einfachen Satteldächern dominierten weiterhin Krüppelwalmdächer (Abb. 99–100).

Ab dem frühen 18. Jh. gab es Verordnungen zum Brandschutz, die Strohdächer verboten, weshalb fortan Ziegeldächer zur Standarddeckung wurden. Für den Bliesgau charakteristisch sind seither Biberschwanzziegel. Ab dieser Zeit wurden auch Fachwerkausfachungen aus Astgeflecht und Lehm immer mehr durch Stein ersetzt (Abb. 101). Als

Abb. 102: Ein Bauernhaus aus dem 18. Jh. in Webenheim.

Abb. 103: Ein großes giebelständiges Anwesen, erbaut um 1750, in Breitfurt auf einer Aufnahme aus dem Jahr 1924.

Abb. 104: Bauernhaus in Gersheim aus dem späten 18. Jh.

Abb. 105: Bauernhaus in Erfweiler-Ehlingen aus dem Jahr 1850.

Steine wurden, je nachdem, was in der Nachbarschaft ansteht, Kalk- oder Buntsandsteine gewählt. Auch in der Muschelkalkgegend zog man für die Tür- und Fenstergewände Sandstein heran, da dieser großformatiger gewonnen und filigran bearbeitet werden kann. Viele Türstürze wurden aufwendig verziert – ein Brauch, der bis ins frühe 20. Jh. bestand (s. Abb. 109).

In Wolfersheim, Webenheim, Mimbach und Walsheim – alle ehemals im Herzogtum Pfalz-Zweibrücken gelegen, das landwirtschaftliche Innovationen besonders förderte – bildeten sich neben den Einhäusern auch diverse Gehöfttypen innerhalb der Dörfer heraus.

Überall im Bliesgau haben sich zahlreiche Wohnbauten aus dem 18. Jh. erhalten (Abb. 99–104).

19. Jh.

Bis um 1900 war das breitgegliederte Südwestdeutsche Bauernhaus weiterhin der vorherrschende Haustyp im Bliesgau (Abb. 105–106). Die z. T. immer breiter angelegten Anwesen mit ihren aufwendig gestalteten Fassaden mit schmuckhaften Sandsteinumrahmungen zeugen von einem gewissen Stolz der Hausbauer. Durch veränderte Lebensbedingungen, da nun immer mehr Menschen neben der Landwirtschaft im Bergbau oder als Arbeiter beschäftigt waren, kam auch ein neuer Haustyp hinzu, der entsprechend als Arbeiterbauernhaus bezeichnet wird. Von ihm entstanden verschiedene Varianten, wobei zwischen etwa 1850 bis 1935 zwei besonders häufig anzutreffen sind. Bereits im mittleren 19. Jh. entstanden „aufgestelzte" Häuser mit ebenerdigem Untergeschoss für Stall und Lagerräume, wobei zum Obergeschoss mit den Wohnräumen längs zur Fassade eine längere Treppe führte (Abb. 108). Am Ende des 19. Jhs. bis in die 1920er-Jahre traten dann eingeschossige Häuser mit streng symmetrisch gehaltener Front des Wohnbereichs auf, neben dem ein Scheunentor folgte. Ab 1880/90 tauchten auch zunehmend Arbeiterhäuser auf, die rein zu Wohnzwecken dienten und keine landwirtschaftlichen Aufgaben mehr erfüllten.

Die Stilmerkmale blieben die gleichen wie bei den Anwesen aus dem 18. Jh., doch nahm bei den Arbeiterbauernhäusern der Wohnteil einen deutlich größeren Raum als bei den Bauernhäusern ein. Am Ende des 19. Jhs. wurden die traditionellen Biberschwanzziegel langsam durch maschinell gefertigte Falzziegel verdrängt.

In allen Orten ist noch viel Bausubstanz des 19. Jhs. vorhanden. Dieses Jahrhundert war eine Blütephase der verzierten Türstürze, die in der Regel auch das Errichtungsjahr und die Initialen der Erbauer aufwiesen und so zur Einzigartigkeit der Häuser beitrugen (Abb. 109). Zu den Bauernhäusern gehörte fast obligatorisch auch stets ein auf dem Vorplatz gepflanzter Hausbaum, meist eine Linde, Rosskastanie, Walnuss oder Birne.

1. Hälfte des 20. Jhs.

Um 1909/10 kam eine neue Variante an Arbeiterhäusern auf, die am häufigsten zwischen 1920 und 1935 gebaut wurde und sich durch ein breites Zwerchhaus, dessen Giebel mit der Hausfront abschließt, kennzeichnet (Abb. 110). Für die Zeit um 1930 sind erstmals auch Wohnhäuser zu verzeichnen, bei denen Fenster und Türen keine oder nur noch eine schmale Sandsteinrahmung erfuhren.

Unter nationalsozialistischer Herrschaft wurden zum Wiederaufbau nach den Zerstörungen von 1939/40 vier neue Gebäudetypen entwickelt, die als sog. Arbeiterhaus, Arbeiterbauernstelle, Landwirtschaftsstelle und Erbhof den sozioökonomischen Gegebenheiten Rechnung tragen sollten. Bezüglich der Stilmerkmale und Baumaterialien orientierte man sich weiterhin an den regionalen Traditionen, wobei

Seite 136:
Abb. 106: Bauernhaus in Medelsheim von 1843. 1912 wurde es grundlegend umgebaut und aufgestockt.

Abb. 107: 1840 errichtetes Wohnhaus in Mimbach.

Abb. 108: Ein typisches Arbeiterbauernhaus um 1840/50.

Abb. 109: (doppelte Fotoseite) Auswahl an verzierten Türstürzen vom 18. bis ins frühe 20. Jh.

Abb. 110: Ein für die Zeit zwischen 1920 bis 1935 typisches Arbeiterhaus in Habkirchen.

Abb. 111: Der 1940/41 erbaute Erbhof in Bebelsheim. Der riesige Wirtschaftsteil ist hinten rechts nur ansatzweise zu sehen.

Abb. 112: Typische Häuser für die 1950/60er-Jahre im Bliesgau. Mit ihrem schlichten, standardisierten Aufbau sind sie Zeugnisse des Wiederaufbaus nach dem Zweiten Weltkrieg.

statt Bruchsteinen Ziegelsteine verwendet wurden. Der vierte Gebäudetyp, der Erbhof (Abb. 111), stellte seitens seiner rationalisierten, betriebsorientierten Gebäudeanordnung etwas völlig Neues dar. Viele Erbhöfe sind L-förmig mit einem riesigen Wirtschaftsgebäude für Stallungen und Lager errichtet, der über einen Zwischentrakt, der bisweilen eine Säulenfront aufweist, mit dem Wohnteil verbunden ist. Der Begriff „Erbhof" kommt daher, weil diese nicht der Erbteilung unterlagen, der die Nazis entgegenwirkten, um gleich groß bleibende und damit produktionsstärkere Höfe zu gewährleisten. Solche Höfe wurden 1940/41 bis 1943 u. a. am Rand der Dörfer Bebelsheim, Gersheim, Reinheim, Wolfersheim, Erfweiler-Ehlingen, Bliesdalheim und Ormesheim errichtet.

1945 bis heute

Wurden in den ersten Jahren nach dem Krieg die zerstörten Anwesen notdürftig wieder instandgesetzt, entstand um 1950 ein für diese Zeit sehr charakteristischer, völlig neuer Bautyp mit bescheidenen Abmessungen und ausschließlich zu Wohnzwecken (Abb. 112). Diese Häuser wurden meist reihenweise mit Zwischenabstand für kleine Vor- und Seitengärten in Neubaugebieten mit langen geraden Straßen am Rand der alten Ortskerne errichtet oder füllten Baulücken entlang der Hauptstraßen auf. Während sich in den Jahrhunderten zuvor die Haustypen entlang der Blies auf deutscher und französischer Seite kaum wesentlich unterschieden, traten zu dieser Zeit in Frankreich gänzlich andere Bauformen auf, was auch in den nachfolgenden Jahrzehnten so blieb. Um 1950 verschwand endgültig die spätestens seit dem 17. Jh. gepflegte Tradition, das Erbauungsjahr und evtl. die Initialen der Erbauer auf dem Sturz der Haustür einzumeißeln.

Der neue Standardhaustyp blieb bis ins nachfolgende Jahrzehnt in Mode und wurde dann zunehmend durch größere Neubauten abgelöst. In den 1960/70er-Jahren kam im Zuge des Wirtschaftswunders ein Modernisierungsboom, in dessen Folge nicht nur eine Vielzahl neuer unterschiedlicher Haustypen aufkam, sondern zugleich zahlreiche alte Bauern- und Arbeiterbauernhäuser bauliche Veränderungen erfuhren. Durch das Zumauern von Scheunentoren, diverse Anbauten, farbige Anstriche etc. wurde versucht, jahrhundertealte Anwesen dem Zeitgeschmack anzupassen, was vielerorts jedoch zu unschönen Ergebnissen führte. Diese beiden Jahrzehnte sind auch dadurch geprägt, dass viele Fassaden und Dächer mit Deckplatten aus asbesthaltigem Faserzement versehen wurden (Abb. 113). Die Bau- und Dachformen der 1970er-Jahre, bei denen neben den Faserzementplatten zunehmend auch dunkelbraune Ziegel aufkamen, waren sehr vielfältig.

Die Vielzahl an Bauformen setzte sich in den Jahrzehnten danach fort, wobei in den 1980/90er-Jahren weiße Rauputzfassaden und meist dunkle Ziegeldächer dominierten. Neben diversen Haustypen und Umbauten älterer Anwesen kam im letzten Jahrzehnt auch ein Trend zu Fertighäusern auf, unter denen besonders ein Typ mit meist dunkel gedecktem Walmdach markant ist (Abb. 114). Zusammen mit blauen und glasierten Dachziegeln stellen diese Häuser einen abermaligen, nochmals deutlicheren Bruch zu den traditionellen Bauformen und Materialien (Abb. 115) im Bliesgau dar.

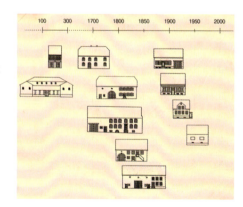

Abb. 113: *In den 1960/70er-Jahren wurden die Fassaden zahlreicher Häuser mit Faserzementplatten verkleidet, die oft Asbestfasern enthalten, die bei ihrer Freisetzung gesundheitsschädlich sein können.*

Abb. 114: *Seit mehreren Jahrzehnten weisen die Neubauten im Bliesgau keine traditionellen Formen und regionale Materialien mehr auf.*

Abb. 115: *Die häufigsten Haustypen im Bliesgau durch die Jahrhunderte.*

Baukultur als identitätsstiftendes Element

Ortsbilder prägen maßgeblich regionale Identität

von Andreas Stinsky

Die Baukultur umfasst sämtliche baulichen Leistungen des Menschen in seiner Umwelt, wobei sich dieses Kapitel nur mit der architektonischen Gestaltung von Gebäuden befasst.

So sehr sich durch die Jahrhunderte aufgrund der für jede Epoche unterschiedlichen und spezifischen Bedarfe die Hausformen im Bliesgau wandelten, so sehr blieb von der Steinzeit bis in die Mitte des 20. Jhs., also für rund 7.000 Jahre, doch ein charakteristisches Merkmal stets unverändert: das landschaftsgebundene Bauen, bei dem sich durch die Verwendung lokaler Materialien die Gebäude stets harmonisch in die Landschaft einbinden.

Überall auf der Welt werden Ortschaften durch das Aussehen ihrer Häuser geprägt, wobei die meisten im Bliesgau anzutreffenden zwischen dem 18. Jh. und heute entstanden. Das Erscheinungsbild von Orten löst bei den in ihnen aufgewachsenen oder dort lebenden Menschen ein Gefühl von Heimat aus und hinterlässt bei Besuchern und Touristen einen imageprägenden Eindruck. Geschichte und Tradition spiegeln sich weltweit in für bestimmte Regionen typischen Baustilen wider, die als universelle Wahrzeichen

Abb. 116: Dieses 1804 erbaute Bauernhaus in Breitfurt ist ein Beispiel für ein stilgerecht renoviertes Anwesen, das zeigt, welch attraktive und identitätsstiftende Strahlkraft ein solches Haus auf Ortsbilder ausübt.

einer Gegend in unseren Köpfen verankert sind. Man denke nur an viele Häuser im Alpenraum mit ihrer Holzoptik, ihrem flachen Satteldach und ihren oft umlaufenden schmalen Balkonen oder die aus rötlichen Backsteinen gebauten Anwesen mit Reetdächern entlang der Nord- und Ostseeküste. Die Beispielliste könnte man beliebig fortsetzen.

Im Bliesgau erfuhr die Baukultur im Laufe ihrer Geschichte häufig radikale Brüche, wie etwa zwischen Spätantike und Frühmittelalter, im Dreißigjährigen Krieg oder nach dem Zweiten Weltkrieg. Letzterer war jedoch der erste, bei dem man sich nicht nur von den alten Bauformen, sondern auch von der Verwendung regionaler Materialien abwandte.

Seither spiegeln Häuser immer weniger etwas landschaftlich Verbundenes in sich und in den letzten Jahrzehnten wählt man für Neubauten Haustypen, wie sie in Neubaugebieten in ganz Deutschland aus dem Boden sprießen. Natürlich ist ein architektonischer Bruch mit Vorherigem vielfach in der Geschichte geschehen und das kreative Recht einer jeden neuen Epoche. Doch heutzutage folgt in besonderem Maße daraus, dass die Dörfer schleichend ihre Identität verlieren und mit dem Verlust regionaler Bauformen und -materialien auch ihre Einzigartigkeit.

Abb. 117: Ein sehr ansprechend modernisiertes Bauernhaus in Wolfersheim. 1601 erbaut, ist es eines der ältesten Häuser, die noch im Bliesgau stehen. Das heutige Erscheinungsbild geht auf das Jahr 1785 zurück, als das Anwesen grundlegend umgebaut wurde.

Abb. 118: Ein Haus in der Blieskasteler Schlossbergstraße, erbaut 1749, mit stilgetreu renovierter Fassade.

Was wird ein Gefühl von Heimat auslösen, wenn sich Dörfer im Bliesgau zunehmend nicht mehr von solchen in Nordrhein-Westfalen oder Sachsen-Anhalt unterscheiden und wodurch soll in Orten, die verstärkt auf sanften Tourismus setzen, bei Besuchern ein unverwechselbarer Wiedererkennungseffekt zustande kommen?

Auch bei vielen Altbauten werden oft ohne Rücksicht auf den Charakter des Hauses bspw. Sandsteingewände abgeschlagen, um Dämmplatten anzubringen, einen neuen Putz aufzutragen oder neue Fenster einzusetzen. Es wäre schön, wenn sich jeder Bauherr im Klaren darüber wäre, dass jedes einzelne Sandsteingewand ein aus lokalem Gestein handgefertigtes Kunstwerk ist, das Geschichte und ein Stück Heimat in sich trägt und zu einer Materialgattung gehört, die in dieser Form

nie wieder produziert werden wird. Mit jedem einzelnen Altbau, der abgerissen oder als solcher unkenntlich überbaut wird, geht unwiederbringlich ein Stück regionale Identität verloren.

In jedem Ort gibt es so viele alte Häuser, die für den Eigentümer, die Bewohner, die Straße und den ganzen Ort stolze, imageprägende Vorzeigeobjekte sein können. Gemeint sind nicht nur in ihrem ursprünglichen Zustand gut erhaltene Häuser, sondern auch solche, die teils schon vor Jahrzehnten umgestaltet wurden, aber noch immer viel ihrer alten Bausubstanz aufweisen. Bei Renovierungen oder Fassadenerneuerungen ließe sich bei ihnen schon mit verhältnismäßig geringem Aufwand (rote Ziegel, glatter Außenputz, Würdigung sandsteinerner Dekorelemente) eine große ästhetische Wirkung herstellen.

Während in den meisten Dörfern nur eine überschaubare Zahl an historischen Anwesen stilgerecht hergerichtet ist, verfügen die Ortskerne als Ganzes diesbezüglich über ein enormes Potenzial, das durch jeden einzelnen Hauseigentümer, lokale Initiativen und die Politik entfaltet werden kann.

Fragt man sich, weshalb Weihnachtsmärkte in der Regel vor historischen Fassaden veranstaltet werden und pittoreske Altstädte als Touristenmagnete gelten, so ist die Antwort, dass diese Orte eine unverwechselbare und einzigartige regionale Identität verkörpern, die durch noch so ästhetische und funktionale Neubauten nicht ohne Weiteres herstellbar ist. Der Begriff „Kultur" kommt vom lateinischen *cultura* und bedeutet im Wortsinne die Pflege von etwas. Die Pflege des architektonischen Erbes ist ein wichtiger Baustein im gegenwärtigen Strukturwandel im Bliesgau, bei dem regionale Identität, touristische Attraktivität und nicht zuletzt nachhaltiges Bauen zentrale Elemente sind.

Wäre es nicht auch bei Neubauten eine spannende Vorstellung, wie das Ergebnis aussähe, wenn Bauherren zusammen mit Architekten und Handwerkern regionale Varianten moderner Architektur mit traditionellen Elementen in der Formensprache und bei Materialien wiederaufleben lassen würden?

Seite 144: Abb. 119a/b/c: In Wolfersheim ist ein Beispiel zu sehen, wo ein vor Jahrzehnten ohne Rücksicht auf seinen originären Charakter umgebautes altes Bauernhaus nun wieder mit Liebe zum Detail zurückgebaut wird und schon jetzt während der Bauphase eine optische Bereicherung der Ortsstraße darstellt.

Abb. 120: Leerstehendes und langsam verfallendes historisches Bauernhaus in Ommersheim.

Abb. 121: Der 2010 bis 2015 auf dem Wintringer Hof erbaute Landgasthof orientiert sich am historischen Befund eines Vorgängerbaus.

Die Orte im Einzelnen

Von Alschbach bis Wolfersheim

von Andreas Stinsky

Blieskastel und Umland

Blieskastel, *Kaschdl* (2.600 Einwohner)

Blieskastel stellt seit dem Mittelalter das Zentrum des Bliesgaus dar. Über der kleinen verwinkelten Altstadt erhebt sich eindrucksvoll der Schlossberg, auf dem jahrhundertelang eine Burg, später ein Schloss, majestätisch thronte. 1098 erstmals als Burgplatz erwähnt, von dem sich auch der Name des Ortes ableitet (ein befestigter Platz (*castel*) an der Blies), wechselten bis ins 17. Jh. häufig die Besitzer des Verwaltungsortes. 1661 ließ Hugo Ernst aus dem rheinischen Adelsgeschlecht von der Leyen die Burg durch ein prächtiges Schloss ersetzen. 1773 verlegten dann der Reichsgraf Franz Carl von der Leyen und seine Gattin Marianne ihre Residenz von Koblenz dauerhaft in den Bliesgau und bauten Blieskastel zu einem repräsentativen Städtchen aus, weshalb der Ort bis heute ein barockes Kleinod darstellt. 1793 wurde das Schloss von französischen Revolutionstruppen völlig zerstört. Danach fiel Blieskastel bis heute wieder die Rolle eines niederen Verwaltungsortes zu. Aus vorgeschichtlicher Zeit hat sich auf dem Höhenrücken westlich der Stadt ein ganz besonderes Monument erhalten: der Gollenstein. Er wurde vor mindestens 4.000 Jahren errichtet und stellt mit fast 7 m Höhe den größten Menhir Mitteleuropas dar.

Alschbach, *Alschbach* (600 Einwohner)

Das Dorf liegt abgelegen und von Wald umgeben in einem kleinen, tief eingeschnittenen Seitental des Würzbaches, durch das der namensgebende Alschbach fließt. Am Ortsrand steht die 1955 erbaute Kirche St. Maria.

Altheim, *Aldem* (550 Einwohner)

Der aus der Anfangszeit des Ortes stammende, erste Friedhof aus dem 6./7. Jh. wurde fast vollständig archäologisch untersucht und liefert interessante Einblicke in die Siedlungs- und Sozialstruktur der frühen Bliesgaudörfer. Auf diesem Bestattungsplatz wurde im 7. Jh. auch die älteste bekannte Kirche des Bliesgaus errichtet. Im Laufe seiner Geschichte wechselten mehrfach die Besitzer des Ortes und noch im späten 18. Jh. sahen sich die Bewohner als Lothringer. 1781 kam das Dorf im Zuge eines Gebietstausches von Frankreich in den Besitz der Reichsgrafen von der Leyen.

Aßweiler, *Asswiller* (890 Einwohner)

Das kleine Dorf liegt auf der Hochfläche zwischen den Quellen des Saar- und des Mandelbaches, die nach Süden eigene Täler ausformen. In dem Ort, der ursprünglich ein reines Bauerndorf war, arbeiteten später mehr als Dreiviertel der berufstätigen Bewohner in den Kohlengruben und Eisenwerken an der Saar. Im Ortskern steht die 1953 erbaute Kirche Mariä Himmelfahrt.

Ballweiler, *Ballwiller* (760 Einwohner)

Zwischen dem ausgehenden 19. Jh. und der Mitte des 20. Jhs. wurde auf der Hochfläche östlich des Dorfes, dem Kalbenberg, umfangreich Kalkstein abgebaut, der mittels

Abb. 122: Blick von Bliesbruck über die deutsch-französische Grenze nach Gersheim.

Abb. 126: Die Kirche St. Martin in der Ortsmitte von Medelsheim steht auf den Ruinen einer römischen Villa und in Nachbarschaft zu den unterirdischen Mauerresten einer mittelalterlichen Burg.

umfangreich erweitert wurde. Nachdem der Turm der evangelischen bereits 1907 errichtet wurde, war erst 1926 genügend Geld vorhanden, um auch das Kirchenschiff zu bauen. Nördlich des Dorfes befindet sich inmitten eines ehemaligen Steinbruchs ein 25 m langer, in den Buntsandstein geschlagener Eiskeller aus dem 19. Jh.

Herbitzheim, *Herwetzum* (650 Einwohner)

Das neben einer kleinen Bliesinsel gegründete Dorf war bereits früh ein wichtiger Mühlenort. Die Besitzer der ehemaligen Mühle zählten bis ins frühe 20. Jh. zu den wohlhabendsten Personen im Dorf. 1888 wurde bei dem Dorf durch die Neunkircher Eisenwerke der erste Kalkofen für eine industrielle Produktion im Bliesgau errichtet (s. Abb. 141), der bis 1919 und nochmals in den 1930er-Jahren in Nutzung war. Eine Kirche erhielt Herbitzheim mit der modernen St. Barbara erst im Jahr 1974.

Medelsheim, *Melsm / Meddlsum* (440 Einwohner)

Die erste namentliche Erwähnung des Dorfes als *Medelinisheim* stammt aus dem Jahr 888. Ab dem frühen 14. Jh. stand im Ort, rund um die Kirche, eine Burg der Grafen von Pfalz-Zweibrücken, die von hier die Handelswege durch das Bickenalbtal überwachen konnten. Unter französischer Herrschaft wurde das Dorf um 1797 bis 1816 Kantonshauptort im Département Mont-Tonnerre. Die Dorfmitte wird von der auf einer kleinen Anhöhe stehenden Kirche St. Martin dominiert (Abb. 126), die auf den Mauerresten einer römischen Villa errichtet wurde und Reste gotischer Fresken aufweist. Auf dem Friedhof steht eine Kapelle aus dem Jahr 1767, die eine Pièta aus dem 16. Jh. beherbergt. Bei ihr besteht ein 1920 angelegter Kreuzweg.

Niedergailbach, *Gälbach* (460 Einwohner)

Das Dorf trägt seinen Namen nach dem vorbeifließenden Bach, dessen Wasser nach starkem Regen eine gelbe (im Dialekt *gäle*) Färbung aufweist. Der Ort hat eine sehr wechselvolle Geschichte, was seine politische Zugehörigkeit anbelangt. In pfalz-zwei-brückischem Besitz wurde er 1604 im Tausch an Lothringen übergeben. 1766 wurde der Ort französisch, ehe er 1781 an die Herrschaft von Blieskastel fiel und ab 1795 bis 1815 erneut unter französischer Verwaltung stand. In der Dorfmitte steht auf den Fundamenten älterer Vorgängerbauten die 1954 errichtete Kirche St. Nikolaus von Flüe.

Peppenkum, *Peppekum* (270 Einwohner)

Das kleine und 1308 erstmals als *Boppenkeim* erwähnte Dorf liegt unweit von Medelsheim an der Bickenalb.

Reinheim, *Reinum* (1.020 Einwohner)

Das unweit der deutsch-französischen Grenze gelegene Dorf ist bekannt für seine archäologischen Entdeckungen, wie ein keltisches Fürstinnengrab und eine palastartige Villa aus römischer Zeit (s. Abb. 30 u. 33), die heute mit dem Europäischen Kulturpark Bliesbruck-Reinheim museal erschlossen sind. An den Hängen rund um das Dorf spielte einst der Weinbau eine wichtige Rolle, der inzwischen in kleinem Maßstab wiederbelebt wurde. Von der alten Weinbautradition zeugen mehrere Flurnamen und ein Weinberghäuschen aus dem 19. Jh. (s. Abb. 147). Der Dorfkern

wird von der Kirche St. Markus von 1790/91 geprägt, deren wehrhafter Glockenturm aus dem Mittelalter stammt (Abb. 127).

Rubenheim, *Ruwwenum* (670 Einwohner)

Nach der Einnahme Blieskastels durch französische Revolutionstruppen floh die Reichsgräfin Marianne von der Leyen nach Rubenheim und wurde vom dortigen Priester in dessen Pfarrhaus vom 15. bis 17. Mai 1793 versteckt gehalten. Danach floh sie auf abenteuerliche Weise weiter durch mehrere Bliesgaudörfer und konnte schließlich auf die rechtsrheinische Seite gelangen, wo sie 1804 im Exil in Frankfurt starb. Auf einer Anhöhe oberhalb der Hauptstraße steht die Kirche St. Mauritius, deren Ursprünge im Mittelalter liegen und die in den nachfolgenden Jahrhunderten mehrfach erweitert und umgebaut wurde.

Seyweiler, *Seywiller* (120 Einwohner)

Seyweiler ist ein kleines Bauerndorf am westlichen Rand des Bickenalbtals, das den Übergang zum Naturraum des Zweibrücker Westrich darstellt.

Utweiler, *Udwiller* (38 Einwohner)

Das beschauliche Dorf, eines der kleinsten im Saarland, liegt nur einen Steinwurf von der deutsch-französischen Grenze entfernt am östlichen Rand des Bickenalbtales, auf das man von hier eine herrliche Sicht hat. 1934 wurde die Dorfkapelle mit ihrem aus dem Jahr 1748 stammenden Altar zur Kirche geweiht. Anlässlich dieses Ereignisses wurde eine Prozession zu Ehren des im selben Jahr heiliggesprochenen Konrads von Parzham, der Schutzpatron der hiesigen Landwirte, abgehalten. Seither findet jedes Jahr am Pfingstmontag der Bruder-Konrad-Ritt mit bis zu 2.000 Besuchern statt, an dem sich die Bauern aus der Umgebung mit ihren Pferden und geschmückten Wagen auf den Weg nach Utweiler begeben, wo diese gesegnet werden. Seit dem Ende des Zweiten Weltkrieges ist die Einwohnerzahl des abgelegenen Dorfes von 130 auf 38 gesunken.

Walsheim, *Walsem* (880 Einwohner)

1848 wurde in Walsheim eine Brauerei gegründet, die anfangs einen Familienbetrieb darstellte und später zur Aktiengesellschaft wurde. In den 1920er-Jahren erfuhr die Brauerei eine umfangreiche bauliche Erweiterung, sodass sie fortan eine der größten im Saargebiet war und jährlich bis zu 30. Mio. l Bier produzierte (s. Abb. 65). Belieferte man anfangs neben dem Bliestal v. a. Elsass und Lothringen, aber auch Paris, so konnte man ab den 1920er-Jahren auch in französischen Kolonien und Städten in Südamerika Bier aus Walsheim trinken. In der Dorfmitte ragt der Duppstein aus dem Boden. Dabei handelt es sich um einen Kalktuff-Rücken, ein vor etwa 10.000 Jahren aus Kalkablagerungen entstandenes gesteinsartiges Sediment. Die evangelische Kirche in der Hauptstraße stammt aus dem 12. Jh., die katholische aus dem Jahr 1856.

Abb. 128: Blick auf Utweiler, mit weniger als 40 Einwohnern einer der kleinsten Orte im Saarland. Unmittelbar hinter dem Dorf verläuft die Grenze zu Frankreich.

Das Mandelbachtal

1974 wurde unter dem Namen Mandelbachtal eine Gemeinde mit dem Verwaltungsort Ormesheim eingerichtet.

Bebelsheim, *Bewwelsum* (680 Einwohner)

Das beschauliche Dorf liegt beidseits des Mandelbaches. Das prägnanteste Bauwerk ist die Kirche St. Margaretha und St. Quintin, deren Turm aus dem 12. Jh. eine Besonderheit darstellt. Wie bei den Kirchen in Erfweiler, Reinheim und Zetting weist er keine ursprüngliche bauliche Verbindung zum Kirchenschiff auf und besitzt einen wehrartigen Charakter.

Bliesmengen-Bolchen, *Menge / Bolche* (1.760 Einwohner)

Der Name Bolchen stellt unter den Bliesgauorten eine Besonderheit dar, weil er lateinischen Ursprungs ist. In der Bliesaue westlich des Dorfes existierte einst die Wasserburg Mengen, die 1294 erstmals erwähnt wurde und im 16. Jh. verfiel. Ihr Graben wurde erst nach dem Zweiten Weltkrieg verfüllt. 1243 war in einem kleinen

Seitental das Kloster Gräfinthal gegründet worden. Anfang des 18. Jhs. war dieses auf Betreiben des aus Polen vertriebenen Königs und späteren Herzogs von Lothringen Stanislaus Leszczyński ausgebaut worden. Seine 1717 gestorbene Tochter Anna wurde in der Klosterkirche beigesetzt. Neben dem heute wieder von Mönchen bewohnten Kloster befindet sich seit 1932 eine Freilichtbühne mit 1.500 Zuschauerplätzen, die für ihre Theaterstücke für Kinder bekannt ist. Bis um die Wende zum 20. Jh. wurde insbesondere an den Hängen rund um das ehemalige Kloster Gräfinthal ein Wein angebaut, der als einer der besten unter den Bliesweinen galt.

Erfweiler-Ehlingen, *Erfwiller / Ehlinge* (1.230 Einwohner)

Der Ort wuchs aus den beiden Dörfern Erfweiler und Ehlingen zusammen. In der Mitte Erfweilers steht die Kirche St. Mauritius mit ihrem Schiff aus dem Jahr 1904 (Abb. 129). Ihr Chor stammt hingegen aus dem 14. Jh. Noch älter ist ihr vermutlich aus dem 12. Jh. stammender Wehrturm. Er wird Römerturm genannt, was darauf zurückzuführen ist, dass die Kirche auf den Mauerresten einer römischen Villa errichtet wurde. Außerhalb des Dorfes steht die 1867 bis 1869 in Eigenleitung der Dorfbewohner erbaute Josefskapelle. 1866 mussten einige Männer aus Erfweiler als bayerische Soldaten für Österreich in einen nur zwei Monate dauernden Krieg gegen Preußen ziehen. Dazu legte man in der Gemeinde ein Gelübde ab: Sollte niemand aus Erfweiler an der Front sterben, wollte man zu Ehren des Heiligen Josefs eine Kapelle errichten. Diese wurde drei Jahre später eingeweiht.

Habkirchen, *Habkeije* (580 Einwohner)

Das erstmals 819 als *Apponis Ecclesia* („Kirche des Abbo“) erwähnte Dorf besaß damals schon eine Kirche, lag in königlichem Besitz und war Residenzort des ersten im Bliesgau überlieferten Adelsgeschlechts, der Bliesgaugrafen. Die Kirche St. Martin, auf den Ruinen einer römischen Villa gegründet, stellt die älteste bekannte Pfarrkir-

che im Bliesgau dar (Abb. 130). Ein weiterer Sakralbau ist die erstmals 1239 erwähnte Annakapelle, um die herum bis 1939 alljährlich am 26. Juli ein dreitägiger Markt zu Ehren der Heiligen Anna abgehalten wurde. Die kleine Glocke stammt noch aus dem Jahr 1512. In der Hauptstraße hat sich ein Wegekreuz aus dem Jahr 1667 erhalten. Ebenfalls entlang der Hauptstraße befindet sich, von einer Mauer umgeben, eine 1877 unweit der Blies errichtete Villa mit umgebendem Park. Sie wurde von Eduard Jaunez, einem Tonwarenunternehmer aus Metz, errichtet, der aufgrund seines Vermögens

Abb. 130: Die Kirche St. Martin, auf den Ruinen einer römischen Villa gegründet und erstmals 819 erwähnt, ist die älteste bekannte Pfarrkirche im Bliesgau.

und als Bürgermeister von Saargemünd (1874–76) sowie späterer Abgeordneter des Deutschen Reichstags (1877–90, 1903–07) zu den einflussreichsten Persönlichkeiten in Lothringen zählte. Das Dorf stellte über Jahrhunderte einen der wichtigsten Grenzübergänge zwischen dem Bliesgau und Lothringen dar. Zu den bekanntesten Personen, die bei Habkirchen die Grenze passierten, gehört Karl Marx, dessen Reisepass hier im April 1848 gestempelt wurde. 2004 riefen die Fußballclubs FC Habkirchen und US Frauenberg die erste Spielgemeinschaft zwischen einem saarländischen und einem lothringischen Sportverein ins Leben, die bis 2013 Bestand hatte.

Heckendalheim, *Dalum* (1.100 Einwohner)

Der Name des ursprünglich nur Dalheim genannten Dorfes – wie es die Einheimischen bis heute noch nennen – wurde in der Mitte des 17. Jhs. mit dem Zusatz Hecken- versehen, um es besser von dem Ort (Blies-)Dalheim unterscheiden zu können. Entlang der Gemarkungsgrenze des Dorfes bestehen bis heute zahlreiche Grenzsteine, die um 1805 unter französischer Verwaltung aufgestellt wurden. Der 1938/39 erbaute Westwall verlief mitten durch das Dorf. Von ihm sind bis heute mehrere Bunkerruinen und eine Panzermauer in der Hauptstraße erhalten. Die Kirche St. Josef stammt aus dem Jahr 1953.

Ommersheim, *Ummaschum* (2.230 Einwohner)

In der Mitte des großen Dorfes erhebt sich die Kirche Mariä Heimsuchung, die in ihrer heutigen Form auf das Jahr 1829 zurückgeht. Ein beliebtes Ausflugsziel für die

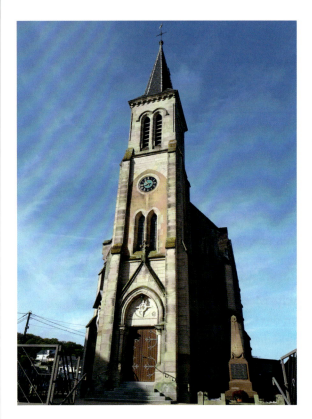

der gegenüberliegenden Seite der Blies durch einen Neubau ersetzt. Seit den 1970er-Jahren werden nördlich des Dorfes die Überreste einer Kleinstadt mit Thermen aus römischer Zeit freigelegt, die in den Europäischen Kulturpark integriert sind.

Blies-Ébersing, *Ewwersinge* (660 Einwohner)

Das heute lang gestreckte Straßendorf bestand bis ins frühe 20. Jh. aus einer eng verwinkelten Häusergruppe am Rand der vorbeifließenden Blies. Das Ortsbild wird heute insbesondere durch die Kirche Saint-Hubert aus dem Jahr 1874 geprägt (Abb. 132).

Blies-Guersviller, *Gerschviller* (mit Blies-Schweyen 600 Einwohner)

Das beschauliche in einem weiten Bliesbogen gelegene Dörfchen wurde erstmals im Jahr 777 als *Villare* urkundlich erwähnt. 1811 wurde es mit dem Nachbardorf Blies-Schweyen administrativ vereint. Am Rand des kleinen Dorfkerns steht die mittelalterliche Kirche Saint-Quirin.

Blies-Schweyen, *Schweye* (mit Blies-Guersviller 600 Einwohner)

Das kleine Dorf fiel erst 1781 im Zuge eines Gebietstausches unter französische Herrschaft. 1892 gründeten die Unternehmergebrüder Adt ein Wasserkraftwerk bei Blies-Schweyen, um ihre expandierende Pappmachédosenfabrik im 6 km entfernten Ensheim mit selbst produziertem Strom versorgen zu können. Die Einwohner des Dorfes nennen sich Schweyenois. Im Herzen des Dorfes steht die Kirche Saint-Eustache aus dem Jahr 1841. Entlang der Blies findet man ein Arboretum, einen Baumlehrpfad.

Erching, *Ersching* (400 Einwohner)

Zwischen November 1944 und März 1945 führte durch den Ort die Frontlinie zwischen Divisionen der Wehrmacht und der US-Army. Der Ort war so heftig umkämpft, dass von amerikanischer Seite am 23. Februar 1945 sogar ein Luftangriff mit Bombardement erfolgte, bei dem 70 Dorfbewohner ums Leben kamen und die Hälfte aller Häuser vollständig zerstört wurde. Im Ortsteil Guiderkirch steht die Chapelle Sainte-Anne aus dem Jahr 1619, zu der früher alljährlich am 26. Juli Wallfahrtspilger zu Ehren Marias kamen und eine Messe abhielten. Die Kirche Saint-Maurice wurde 1777 erbaut und nach Zerstörungen im Zweiten Weltkrieg nach 1950 in ihr heutiges Aussehen gebracht.

Frauenberg, *Fraueberch* (580 Einwohner)

Das Dorf, zunächst Linterdingen genannt, entwickelte sich unterhalb einer 1370 erstmals erwähnten Burg. Diese wurde nach 1686 in ein Schloss umgewandelt, wobei der Bergfried und ein mächtiger Geschützturm bestehen blieben. Nach dem Zerfall des Schlosses wurde in dessen Ruinen 1786 eine Fayence-Manufaktur eingerichtet, an der 1790 ein gewisser Nicolas Villeroy Anteile erwarb und aus der 1836 das Weltunternehmen Villeroy & Boch hervorgehen sollte. Am Ortsrand befindet sich ein großer jüdischer Friedhof, auf dem Grabsteine von 1740 bis ins 20. Jh. zu finden sind. Die Kirche des Ortes wurde erst 1955 errichtet. Mit dem saarländischen Nachbardorf Habkirchen, zu dem ab 1760 eine Brücke bestand, ist Frauenberg seit 1985 über die Pont de l'Amitié Européenne / Europäische Freundschaftsbrücke verbunden, die nur Fußgängern und Radfahrern offensteht.

Obergailbach, *Owwergälbach* (310 Einwohner)

Das Dorf trägt wie der auf deutscher Seite befindliche Nachbarort Niedergailbach seinen Namen nach dem vorbeifließenden Bach, dessen Wasser nach starkem Regen eine gelbe (im Dialekt *gäle*) Färbung aufweist. Das Ortsbild wird geprägt von der romanischen Kirche Saint-Maurice, die 1902 einen neuen Glockenturm und eine neue Fassade erhielt.

Ein vielfältiger Wirtschaftsraum

Ein kleinräumiges Nutzungsmosaik

Von Äckern und Kuhweiden bis hin zum Kalkbergwerk

von Andreas Stinsky

Seite 164–165: Abb. 133: Blick auf Gersheim in den 1930er-Jahren. Im Hintergrund sind am Hang oberhalb des Dorfes Schutthalden aus den Kalksteinbrüchen zu sehen.

Auf den fruchtbaren Muschelkalkböden des Bliesgaus wird spätestens seit römischer Zeit eine extensive Landwirtschaft betrieben. Das stärker reliefierte Gelände und der Wechsel zwischen feuchten und trockenen Böden führten jedoch dazu, dass sich eine intensive landwirtschaftliche Nutzung nur kleinräumig etablieren konnte. Wurden bis ins mittlere 20. Jh. neben Getreide v. a. Hackfrüchte wie Kartoffeln und Futterrüben (im Dialekt *Rummele*) angebaut (Abb. 135), wurden letztere in den vergangenen Jahrzehnten fast vollständig durch Mais und Raps verdrängt. Die oft trockenen Steilhänge zwischen den Landschaftsstufen oder am Rand von Quellmulden wurden meist als Weideflächen für Rinder, Pferde und Schafe genutzt. Heute werden in der Region etwa 1.500 Milchkühe, mit steigender Tendenz, gehalten. Daneben hat inzwischen die Pensionspferdehaltung, also die entgeltliche Haltung von Reitpferden als Dienstleistung, eine gewisse ökonomische Bedeutung erlangt. Schweine und Schafe spielen wirtschaftlich hingegen eine untergeordnete Rolle.

Auf den flacheren Terrassen der mittleren Hanglagen finden sich ausgedehnte Streuobstwiesen (s. Abb. 23), mit Apfel, Birne, Zwetschge und Kirsche, die bis heute die Gegend charakteristisch prägen. Diese werden aber nur noch mancherorts genutzt und verschwinden daher zunehmend aus dem Landschaftsbild.

An südlich ausgerichteten Hängen des unteren Bliesgaus wurde bis ins frühe 20. Jh. Weinbau betrieben, der danach fast vollständig zum Erliegen kam und heute nur noch in kleinem Umfang anzutreffen ist.

Ab dem 18. Jh. entwickelten die Bauern im Bliesgau aufgrund zunehmender Verarmung, die u. a. auf einen Anstieg der Bevölkerung zurückzuführen war, der durch die Realerbteilung pro Hof aber immer kleinere Wirtschaftsflächen zur Verfügung standen (Abb. 136), ein neues Überlebensmodell. Bei diesem trat neben die Landwirtschaft ein zusätzlicher Erwerbszweig: die Geburtsstunde des „Arbeiter- und Bergmannsbauerntums" – ein Modell, das bis um 1950 Bestand haben sollte. Zum Nebenerwerb arbeiteten die Männer in Steinbrüchen, Kalkwerken oder in Gruben bzw. Eisenwerken in den umliegenden Kohlerevieren. Daneben gab es, je nach Lage des Dorfes, weitere nebenerwerbsorientierte Spezialisierungen, wie den bereits erwähnten Weinbau. Das Dorf Bierbach war bis zu Beginn des 20. Jhs. bekannt für seine Korbflechter. Der Grund hierfür war, dass der dortige Sandsteinboden keine Agrarwirtschaft begünstigte, aber dafür eigneten sich die weiten feuchten Auenflächen ideal zur Zucht von Weiden für Korbgeflechte.

Die oft staunassen Höhenrücken und die Buntsandsteingebiete mit ihren nährstoffarmen Böden nördlich von Blieskastel sind in der Regel bewaldet. Die dort vorkommenden Buchenwälder werden forstwirtschaftlich genutzt.

Abb. 134: Heuernte Anfang des 20. Jhs. in der Bliesaue bei Breitfurt.

Abb. 135: Kartoffelernte um 1930 bei Herbitzheim.

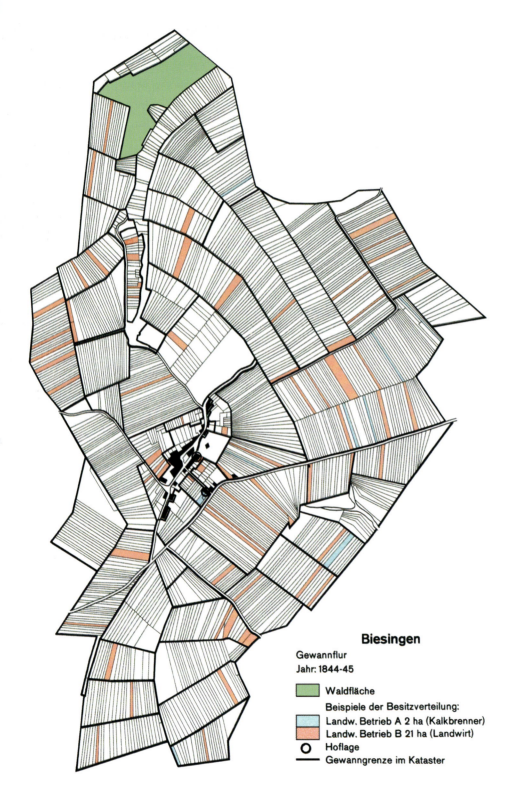

Biesingen

Gewannflur
Jahr: 1844-45

- ▇ Waldfläche

Beispiele der Besitzverteilung:
- ▇ Landw. Betrieb A 2 ha (Kalkbrenner)
- ▇ Landw. Betrieb B 21 ha (Landwirt)
- ○ Hoflage
- ▬ Gewanngrenze im Kataster

Abb. 136: Die Gemarkung des Dorfes Biesingen mit ihren Flurparzellen 1844/45. Dass so viele schmale Flurparzellen bestanden, ist ein typisches Ergebnis der Realerbteilung. Nach dieser Erbrechtsregelung wird der gesamte Familienbesitz, auch der Landbesitz, unter den Erbberechtigten gleichmäßig aufgeteilt.

Seite 169:
Abb. 137: Luftbild aus dem Jahr 1961 von Gersheim. Links oberhalb des Dorfes sind die oberirdischen Abbaugebiete des Kalksteinbruchs zu erkennen.

Abb. 138a/b: Die bei Gersheim ab 1922 Untertage stattfindende Gewinnung von Kalkstein schuf ein 160 km langes unterirdisches Stollennetz.

Seite 170, oben:
Abb. 139: Ansicht der großen Breitfurter Mühle im 19. Jh., bis heute eine der größten in Südwestdeutschland.

Zwischen 1950 und 1960 setzte ein Strukturwandel in der Landwirtschaft ein, in dessen Folge neben zunehmender Maschinisierung u. a. Parzellen zusammengelegt und Ackerflächen vergrößert wurden, zunehmend Pestizide zum Einsatz kamen und die Nebenerwerbslandwirtschaft fast vollständig verschwand. Allein im östlichen Bliesgau, im Bickenalbtal, ist sie weiterhin bei vielen Familien verankert. Der landwirtschaftliche Wandel hat zur Folge, dass sich durch den Rückgang der Anzahl landwirtschaftlicher Betriebe, die Zusammenlegung der Nutzflächen, die Verbuschung von Halbtrockenrasen sowie des Rückgangs an Streuobstwiesen das Landschaftsbild seit Jahrzehnten in zunehmendem Tempo verändert. Bis heute sind im Bliesgau trotzdem relativ viele kleine landwirtschaftliche Betriebe mit Flächen unter 30 ha anzutreffen.

In den Muschelkalkgebieten gab es bei nahezu jedem Dorf einen Kalksteinbruch (Abb. 137). Hier wurden an den oberen Hängen mittels Handarbeit und später auch Sprengungen Mauersteine aus dem Trochitenkalk gewonnen, der besonders hart ist. Bei Gersheim ab 1922 und Ballweiler um 1935 fand dieser Abbau sogar in großem Maßstab unter Tage statt (Abb. 138a/b). An der Blies zwischen Blieskastel und Bliesdalheim, im Würzbachtal sowie auf der Sohle des Saarbach- und oberen Bickenalbtals befanden sich Steinbrüche für Buntsandstein. Diesen zeichnet seine rötlich bis gelbliche Farbgebung aus und dass er sich im Unterschied zum Kalkstein feingliedrig bearbeiten lässt. Allein um Heckendalheim gab es 1912 sieben Buntsandsteinbrüche, in denen ca. 30 Personen Arbeit fanden (Abb. 140). Manche Betriebe verfügten über hochqualifizierte Steinhauer, die aus Steinblöcken teils aufwendig verzierte Tür- und Fensterstürze schufen. Nach dem Zweiten Weltkrieg endeten

Abb. 140: Ein Buntsandsteinbruch bei Heckendalheim, 1915. Dass alle ein Bierglas halten, ist nicht ungewöhnlich – bei der knochenharten Arbeit war Alkohol für viele ein häufiger Begleiter.

weitestgehend die gewerblichen Steinbruchbetriebe, allein bei Rubenheim wird seit 2009 auf einer Fläche von 10 ha wieder Kalkstein abgebaut.

Vom Mittelalter bis in die Mitte des 20. Jhs. verfügte nahezu jedes an der Blies gelegene Dorf über eine Mühle, an die oft ein Sägewerk angeschlossen war. Hervorzuheben sind die Mühlen von Mimbach, dessen heutiger Hauptbau aus dem Jahr 1734 stammt, und jene von Breitfurt (Abb. 139), die zu einer der größten deutschen westlich des Rheins ausgebaut wurde und heute jährlich bis zu 80.000 t Weizenmehl produziert.

Zwischen den 1950er- und 1970er-Jahren wurde in den breiteren Talauen bei Reinheim, Bliesbruck und Bliesmengen-Bolchen Kies und Sand abgebaggert. Viele der alten Kiesgruben sind heute Weiherflächen, wie man sie z. B. im Europäischen Kulturpark antreffen kann.

Seit der Römerzeit spielte die Kalkgewinnung eine große Rolle in der Region. In der Nähe von großen Lesesteinvorkommen oder Kalksteinbrüchen wurden dafür Brennöfen errichtet. Bis ins 20. Jh. hinein wurde das Kalkbrennen von Bauern im Nebenerwerb betrieben, ehe sich ab der 2. Hälfte des 19. Jhs. eine industrielle Kalkwirtschaft entwickelte. Dies war maßgeblich beeinflusst durch den Aufschwung der Eisen- und Stahlindustrie an der Saar, wo ein neues Verfahren in der Stahlherstellung massenhaft Branntkalk erforderte. Um geringe Transportkosten zu gewährleisten, bildeten sich nur an entlang der Bliestalbahn gelegenen Orten Kalkwerke mit Ringöfen heraus, wie 1888 und 1890 in Herbitzheim (Abb. 141), 1890 in Lautzkirchen, 1895 in Gersheim und 1898 in Blickweiler. Mit einer Tagesleistung von ca. 100 t beschäftigte das Blickweiler Werk mit seinem prägnanten, 62 m hohen Schornstein in seiner Blütezeit rund 30 Arbeiter. 40 bis 50 weitere Angestellte arbeiteten im zugehörigen Steinbruch auf dem Kalbenberg zwischen Wolfersheim und Ballweiler, von wo zunächst über Pferdefuhrwerke, ab 1902 dann mittels einer knapp 3 km langen Seilschwebebahn (Abb. 142) die gebrochenen Kalksteine ins Brennwerk nach Blickweiler transportiert wurden. Doch auch in anderen Tälern boomte zu jener Zeit die Gewinnung von Kalk. So wurden zwischen 1872 und 1928 allein bei Heckendalheim 38 neue Kalköfen errichtet. Mit dem Zweiten Weltkrieg fand die Kalkwirtschaft ein Ende, allein das Gersheimer Kalkwerk überdauerte danach noch ein halbes Jahrhundert und produzierte in Spitzenzeiten pro Tag 450 t gebrannten Kalk (s. Abb. 82).

Abb. 141: Das 1888 von der Neunkircher Hütte gegründete und bis 1919 in Betrieb befindliche Kalkwerk in Herbitzheim.

Abb. 142: Die 2,9 km lange Seilschwebebahn, über die im 20. Jh. vom Steinbruch auf dem Kalbenberg Kalksteine ins Kalkwerk nach Blickweiler transportiert wurden.

Eine alte Weinbaugegend

Mindestens 800 Jahre Weinbautradition

von Andreas Stinsky

Entgegen etwa des Moseltals oder des Rheingaus ist der Bliesgau heute überregional nicht als Weinbauregion bekannt, obwohl er diesbezüglich auf eine 800-jährige Tradition zurückblickt.

Heute erinnern meist nur noch Flurnamen wie „In den Reben", „Rebenberg", „Im Wingert" oder „Weingärten" und alte Terrassierungen (Abb. 144), wie sie v. a. entlang der unteren Blies an Ost- und Südhängen zwischen den Orten Reinheim und Bliesransbach zu finden sind, an die einst zahlreichen Weinberge.

Entgegen zahlreicher Mutmaßungen ist der Weinbau im Bliesgau erst ab dem Hochmittelalter und nicht bereits für die Römerzeit belegt. Bei den oft angeführten, vermeintlich älteren Rebmessern handelt es sich um Hippen, die ebenso gut für das Beschneiden von Bäumen verwendet worden sein können. Hinzu kommt, dass es für den Anbau von Wein in den Nordwestprovinzen bis in die Spätantike hinein staatliche Restriktionen gab.

Der älteste Beleg für Weinbau im Bliesgau stammt aus dem Jahr 1241 und nimmt Bezug auf die Schenkung eines Weinbergs bei Bliesmengen-Bolchen ans Kloster Wörschweiler. Im 13. Jh. sind auch Weingärten in Wolfersheim und 1304 in Walsheim urkundlich bezeugt. Auf Betreiben der Klöster Wörschweiler, Hornbach und Gräfinthal wurde im späten Mittelalter auf den Gemarkungen zahlreicher Dörfer Weinbau betrieben. Aus den nachfolgenden Jahrhunderten finden sich dann für eine ganze Reihe von Orten zahlreiche Belege zum Anbau von Wein (Abb. 145).

Im Mittelalter und der Frühen Neuzeit waren die Weinberge der Region vornehmlich im Besitz der Herrscherhäuser. So ist bspw. belegt, dass 1274 die Grafen

Abb. 143: Rekultivierter
Weinberg bei Reinheim.

von Blieskastel bei Bliesmengen-Bolchen und 1553 die Grafen von Nassau-Saarbrücken bei Bebelsheim ihre Weinberge durch Frondienst betreiben ließen. Der Dreißigjährige Krieg (1618–48), bei dem die Gegend für Jahre fast entvölkert wurde, dürfte auch den Weinbau zum Erliegen gebracht haben, da für fast 100 Jahre die erhaltenen Schriftquellen nichts von Wein erwähnen.

Ab dem späten 18. Jh. förderten dann die Blieskasteler Reichsgrafen von der Leyen neben dem Obst- auch den Weinanbau.

Um 1850 erlebte der Anbau an der Blies erneut eine Blütephase. Viele bestehende Rebanlagen wurden erweitert und in zahlreichen Orten, wo zuvor keine Weinberge bestanden, wurden neue angelegt, wie etwa in Rubenheim, Erfweiler-Ehlingen oder Ormesheim. Mancherorts, wie in Böckweiler, schlugen die Anbauversuche jedoch aufgrund der Bodenbeschaffenheit oder mikroklimatischer Bedingungen fehl. 1848 kaufte ein Winzer von der Mosel den Ritthof bei Bliesransbach und baute diesen zum größten Weingut, mit eigener Kelteranlage und Weinkeller, im Bliesgau aus. Es erlangte durch die Erzählung „Das Gespenst vom Ritthof" von Alfred Döblin aus

dem Jahr 1915 auch literarische Bedeutung. Um 1900 wurden hier bis zu 40.000 l Wein pro Jahr gekeltert, wobei die Anbauflächen 80.000 m² umfassten.

Der Bliesgauwein wurde vom „Landwirtschaftlichen Blatt der Pfalz" im Jahr 1864 auf S. 245 *„wegen seiner Reinheit und seines im Verhältnis zur Güte ganz billigen Preises bestens empfohlen"*. Zu dieser Zeit wurden mehrfach auch rote und weiße Weine u. a. aus Reinheim wegen ihrer vortrefflichen Güte ausgezeichnet. Reinheim stellte neben Bliesmengen-Bolchen und Bliesransbach mit dem Ritthof den wichtigsten Weinort im Bliesgau dar.

Innerhalb eines Weinberges wurden meist verschiedene Rebsorten angepflanzt, wie Elbling, Riesling, Weißer und Roter Gutedel, Ruländer und Burgunder.

Im 19. und frühen 20. Jh. wurde der Weinbau nebenberuflich betrieben, wobei die Verkaufserträge im Herbst einen willkommenen Bonus in den Haushaltskassen darstellten. Die Weine und Tafeltrauben wurden dabei z. T. bis auf den Märkten in Saarbrücken und St. Johann verkauft. 1894 sind für Bliesmengen-Bolchen 142 Weinbergbesitzer verzeichnet. Dies verdeutlicht, wie groß die Bedeutung dieses Wirtschaftszweiges in der Kulturlandschaft an der unteren Blies war.

Die Weinberge waren meist nach Süd- oder Südosten ausgerichtet. Die Größe der Rebparzellen überschritt dabei nur selten Flächen von über 1 ha. Die Pflanzreihen waren in der Regel hangsenkrecht angelegt (Abb. 146) und endeten in den unteren Lagen oft parallel zum Hangverlauf, wodurch man versuchte, die Erosion der fruchtbaren Böden in die Talauen so gering wie möglich zu halten.

Das Anlegen der Weinberge war eine bemerkenswerte Arbeitsleistung. Bevor eine Rebanlage bepflanzt werden konnte, musste der dortige Boden bis zu 1 m tief umgegraben und entsteint werden, um den Rebstöcken einen möglichst tiefen

Abb. 144: Reste einer alten Weinbergmauer zwischen Habkirchen und Bliesmengen-Bolchen.

Seite 175:
Abb. 145: Die Karte zeigt die Weinorte an der unteren Blies. Unter den Ortsnamen ist angegeben, für welche Zeit der Weinbau auf der jeweiligen Gemarkung nachgewiesen ist.

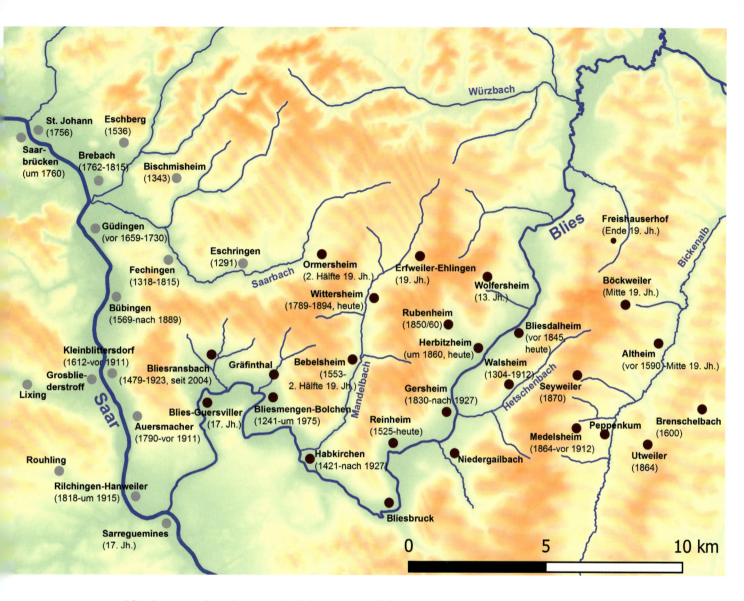

St. Johann
(1756)

Eschberg
(1536)

Saar-
brücken
(um 1760)

Brebach
(1762-1815)

Bischmisheim
(1343)

Würzbach

Güdingen
(vor 1659-1730)

Eschringen
(1291)

Blies

Freishauserhof
(Ende 19. Jh.)

Bickenalb

Fechingen
(1318-1815)

Saarbach

Ormersheim
(2. Hälfte 19. Jh.)

Erfweiler-Ehlingen
(19. Jh.)

Wolfersheim
(13. Jh.)

Böckweiler
(Mitte 19. Jh.)

Bübingen
(1569-nach 1889)

Wittersheim
(1789-1894, heute)

Rubenheim
(1850/60)

Herbitzheim
(um 1860, heute)

Bliesdalheim
(vor 1845
heute)

Altheim
(vor 1590-Mitte 19. Jh.)

Kleinblittersdorf
(1612-vor 1911)

Bliesransbach
(1479-1923, seit 2004)

Gräfinthal

Bebelsheim
(1553-
2. Hälfte 19. Jh.)

Walsheim
(1304-1912)

Seyweiler
(1870)

Grosblie-
derstroff

Lixing

Gersheim
(1830-nach 1927)

Hetschenbach

Brenschelbach
(1600)

Saar

Blies-Guersviller
(17. Jh.)

Bliesmengen-Bolchen
(1241-um 1975)

Reinheim
(1525-heute)

Medelsheim
(1864-vor 1912)

Peppenkum

Utweiler
(1864)

Auersmacher
(1790-vor 1911)

Mandelbach

Rouhling

Habkirchen
(1421-nach 1927)

Niedergailbach

Rilchingen-Hanweiler
(1818-um 1915)

Bliesbruck

Sarreguemines
(17. Jh.)

0   5   10 km

Grund für ihr Wurzelwerk zu ermöglichen. Zusätzlich wurden künstliche Terrassen in den Hang gegraben, um größere und leichter zugängliche Flächen zu schaffen, die mit Kalksteinmauern in Trockentechnik abgestützt wurden. Die einzelnen Terrassen wurden bisweilen mit Kalksteintreppen miteinander verbunden.

Die Düngung erfolgte mittels Stallmist (Abb. 146), wobei der Boden rund um die Reben mehrmals mittels schwerer Doppelspitzhacken hangaufwärts aufgelockert wurde, um den Bodenabtrag zu minimieren. Das Schnittgut der Reben wurde in Bündeln entlang der untersten Terrassenstufe ausgelegt, um besser den abgeschwemmten Grund aufzufangen, der dann in Körben wieder auf die oberen Flächen transportiert und ausgebracht wurde. Ab Ende August bis zur Erntezeit Ende September / Anfang Oktober ruhten dann alle Arbeiten, damit die Trauben in Ruhe reifen konnten, wobei Feldhüter darauf achteten, dass niemand die Parzellen betrat. Im Winter sollten an besonders kalten Tagen Feuer die Rebstöcke vor Frostschäden schützen.

Ein Weinberg war in der Regel etwa 50 Jahre ertragreich, ehe er ausgestockt und nach ein bis zwei Ruhejahren, während der er mit Klee bepflanzt wurde, wieder umgegraben und bepflanzt wurde.

Das Ende des Weinbaus im Bliesgau begann im ausgehenden 19. / Anfang des 20. Jhs. Eine Reblausplage vernichtete einen Großteil der Rebstöcke. Hinzu kam, dass immer mehr Menschen in den zunehmend aufkommenden Firmen oder in den Gruben an der Saar Arbeit fanden und den arbeitsintensiven Weinbau im Nebenerwerb nicht mehr stemmen konnten. Des Weiteren wurden ab den 1920er-Jahren zunehmend günstigere Weine aus Frankreich importiert. So gerieten auf immer mehr Gemarkungen die Weinberge außer Nutzung wie bereits um 1894 in Wittersheim und Bebelsheim, spätestens 1912 in Altheim, Medelsheim und Walsheim oder 1923 in Bliesransbach. Dies führte zusammen mit anderen Gründen dazu, dass der Weinbau im Bliesgau nahezu komplett ausstarb. 1923 wurde die letzte Lese auf dem Weingut Ritthof eingefahren. 1928 sind in Reinheim immerhin noch fünf Weinbergbesitzer dokumentiert. Jedoch wurden in der Folge nur noch an wenigen Orten, wie etwa Bliesmengen-Bolchen, einzelne kleine Parzellen bis in die 1970er-Jahre hinein bewirtschaftet.

Bei Reinheim steht an einem alten und heute wieder bewirtschafteten Weinberg ein sonderbares Häuschen mit Kuppel, das um 1862 aus dem anstehenden Kalkstein gemauert wurde (Abb. 147). Solche Bauwerke werden als *Trulli* bezeichnet. Sie finden sich besonders häufig in Apulien in Süditalien, kommen aber auch in Rheinhessen und im Raum Bad Dürkheim vor. Wie diese ursprünglich in Apulien beheimatete Bauform an den Rhein und die Blies gelangte, ist unklar. Die Ruinen weiterer Rebenhäuschen mit rechteckigem Grundriss finden sich bei Habkirchen sowie Bliesmengen-Bolchen und auch bei Herbitzheim ist ein solches überliefert. Diese Häuschen dienten als Schutzhütten bei schlechtem Wetter und zur Unterbringung von landwirtschaftlichem Gerät (Abb. 148).

Abb. 147: In einem Weinberg bei Reinheim befindet sich ein sog. Trullo, der um 1862 errichtet wurde und als Schutzhütte bei schlechtem Wetter und zur Unterbringung von Geräten diente.

Abb. 148: Vor einem Wohnhaus in Ormesheim gepflanzter Rebstock, 1925.

Die Menschen

Die Mundart

Ein rheinfränkischer Dialekt mit vielen lokalen Unterschieden

von Anne-Kathrin Eiswirth und Augustin Speyer

Seite 178–179:
Abb. 149: Männerrunde
um 1925.

Aus Sicht der Dialektforschung ist das Saarland eine überaus spannende und interessante Region. Das ist es allein schon deshalb, weil zwei große Dialektgrenzen des sog. rheinischen Fächers durch das Saarland verlaufen: die sog. Bad Hönninger Linie, die das nördliche vom südlichen Moselfränkisch trennt, und die Hunsrück-Schranke, auch *dat-das*-Linie genannt, die das südliche Moselfränkisch vom Rheinfränkischen trennt. Der Bliesgau liegt dabei im rheinfränkischen Dialektgebiet. Hinzu kommt im Saarland der wechselseitige Einfluss durch den Kontakt zum Französischen. Gerade im Bliesgau und hier v. a. in den Dörfern, die unmittelbar an Lothringen angrenzen, sorgt dieser Einfluss für spannende Phänomene und zahlreiche Lehnwörter.

Auffallend ist auch, dass selbst innerhalb dieser kleinen Region nicht einheitlich gesprochen wird. Diese sog. Mikrovariation scheint einerseits geografisch durch natürliche Grenzen bedingt, andererseits aber auch soziolinguistisch motiviert zu sein: Die kleinen sprachlichen Eigenheiten schaffen Abgrenzung nach außen und Gemeinschaftlichkeit nach innen. Eine Art Stammesverhalten, wenn man so will, denn die Mikrovariation lässt den kompetenten Sprecher und Hörer erkennen, woher der Gesprächspartner kommt. Dadurch ergibt sich eine Art Fremdheitsskala, auf der der Gesprächspartner verortet wird. Die Verortung bestimmt mitunter das weitere Verhalten dem Gesprächspartner gegenüber – auch das sprachliche Verhalten.

Einige dieser Mikrovariationen kann man recht einfach erkennen, auch wenn man nicht ortsansässig ist. Ein Beispiel: Es gibt im Standarddeutschen einen kurzen ungespannten offenen o-Laut, der mit dem Buchstaben o verschriftet wird, z. B. in

180   DIE MENSCHEN

komm oder *Kopf*. Das phonetische Alphabet verwendet für diesen Laut das Zeichen [ɔ]. Die lange Variante dieses Lautes (phonetisch [ɔː]) gibt es im Standarddeutschen nicht. Im Bliesgau und auch außerhalb desselben werden Sie hingegen diesen Laut an Stelle eines langen a-Lautes, z. B. in [ɔː]vend statt *Abend* oder M[ɔː]ler statt *Maler* hören. In vielen Dörfern ist der Gebrauch dieses Lautes allerdings beschränkt: Man sagt zwar [ɔː]vend, aber man *macht / schaltet* das Licht [aː]n. In anderen Dörfern hingegen macht man vom offenen o-Laut inflationär Gebrauch und ersetzt im Grunde jeden a-Laut dadurch – egal, ob lang oder kurz. Hier schɔlts ɔnne ɔːvends es Licht ɔːn (schaltet Anne abends das Licht an). Den prototypischen Reinheimer werden Sie an diesem inflationären Gebrauch offener o-Laute erkennen. Den Rubenheimer hingegen erkennen Sie an seinem mit der Zungenspitze gerollten r-Laut.

Ein weiteres sprachliches Charakteristikum im Bliesgau und den östlich an den Bliesgau angrenzenden Gebieten ist eine spezielle weibliche Endung für Adjektive, nämlich die Endung auf *i*: Während man im Standarddeutschen *eine schöne Hose* trägt, hat man in vielen Orten des Bliesgaus *e scheeni Bux* an.

Variation lässt sich auch im Gebrauch der Vergangenheitsformen von *haben* beobachten. Ein Teil des Bliesgaus verwendet, wie die Standardsprache, bevorzugt das Präteritum, also *hatten*. Diese Form wird entweder sehr standardnah mit dem Laut [a] gebildet (*ich hatte = ich hatt*) oder aber, was häufiger der Fall ist, mit dem nun ja schon bekannten offenen o-Laut (*ich hɔtt*). Ein anderer Teil gebraucht hingegen die Perfektform von *haben*, also *gehabt haben*, wobei es dann wiederum Variation hinsichtlich der a-Länge in *gehabt* gibt: *Ich hann gehad* vs. *ich hann gehaad*. Ob und wo genau eine *hɔtt / hann gehad*-Linie durch den Bliesgau verläuft, ist nicht untersucht.

Beispiele für Besonderheiten, die sich aber nicht zwangsläufig auf den Bliesgau beschränken lassen, sind Passivbildungen mit *geben* – *Das Haus gebt gebaut / scheen* (das Haus wird gebaut / schön) – und die Tatsache, dass man alles Mögliche *geht*, auch heiraten und sterben: „*Hasche geheerd, dass de Hans sterwe geht! Dodebei is'm noch gudd gang, wie sei Junger deletschd heirade gang is.*" („Hast du gehört, dass Hans im Sterben liegt? Dabei ging es ihm noch gut, als sein Sohn kürzlich geheiratet hat.") Man achte in dem Satz auch auf die Verdopplung von *da* in *dabei* (*dodebei* = wörtlich *dadabei*). Auch in den Konjunktiv II-Formen mit *würden* wird *würden* durch *gehen* ersetzt: „*Ich gängt jo a gehn, wenn's ma besser gängt.*" („Ich würde ja auch gehen, wenn es mir besser

Die ethnische Entwicklung und Zusammensetzung der Bliesgauer

Ein bunter Herkunftsmix

von Andreas Stinsky

Im Unterschied bspw. zu den Schwaben oder Bayern stellen die Saarländer und damit auch die Bliesgauer keine geschlossene Volksgruppe dar, die seit dem Mittelalter auf eine gemeinsame politische und kulturelle Vergangenheit zurückschaut und somit mehr oder minder homogen gewachsen ist. Doch wie setzt sich die „ethnische DNA" der Bliesgauer zusammen?

Die erste ethnische Gruppe, die wir im heutigen Bliesgau namentlich fassen können, sind Kelten des Stammes der Mediomatriker, die in den letzten Jahrhunderten v. Chr. die Region besiedelten und nach der Einverleibung ins Römische Reich ab der Zeitenwende romanisiert wurden, d.h. zahlreiche kulturelle Eigenarten der mediterranen Eroberer wie Sprache, Gesetze und Architektur übernahmen. Ob, und wenn ja, wie viele italischstämmige Römer sich dabei in der Region niederließen, ist unklar, wobei nach Ausweis der archäologischen Quellen die Bevölkerung fast ganzheitlich weiterhin keltischer Abstammung blieb. Ab dem 4. Jh. lässt sich eine Migrationswelle germanischer Einwanderer nachweisen, deren Ansiedlung durch den römischen Staat gefördert worden zu sein scheint und die sich schnell der gallorömischen Bevölkerung assimilierten.

Nach dem Zusammenbruch des Römischen Reiches im späten 5. Jh. n. Chr. wanderten Franken in den Bliesgau ein. Sie gründeten alle Orte, die auf -heim und -ingen enden und legten die Grundlage für die heute noch gesprochene fränkische Mundart. Dieser germanische Volksstamm setzte sich aus Angehörigen verschiedenster

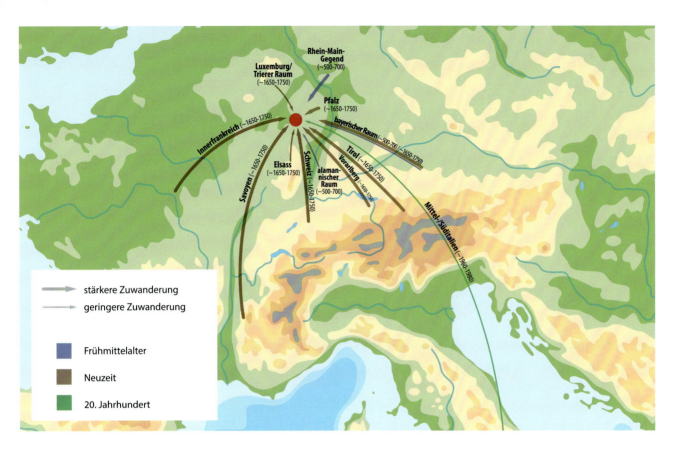

Luxemburg/
Trierer Raum
(~1650-1750)

Rhein-Main-
Gegend
(~500-700)

Pfalz
(~1650-1750)

bayerischer Raum (~500-700 / ~1650-1750)

Innerfrankreich (~1650-1750)

Tirol (~1650-1750)

Savoyen (~1650-1750)

Elsass
(~1650-1750)

Schweiz (~1650-1750)

alaman-
nischer
Raum
(~500-700)

Vorarlberg (~1650-1750)

Mittel-/Süditalien (~1960-1980)

stärkere Zuwanderung

geringere Zuwanderung

Frühmittelalter

Neuzeit

20. Jahrhundert

Abb. 152: „Abstam-
mungskarte" der
Bliesgauer. Sie veran-
schaulicht, aus welchen
Gegenden im Laufe der
Geschichte nachweislich
größere Menschen-
gruppen in die Region
an der unteren Blies
einwanderten.

Herkunft zusammen, wobei sich durch Trachtelemente im Bliesgau des 6./7. Jhs. Einflüsse sowohl aus der Rhein-Main-Gegend als auch dem alemannischen und bayerischen Raum belegen lassen. Wie groß noch der Anteil der galloromanischen Bevölkerung im Frühmittelalter war, kann nicht näher beziffert werden. Jedenfalls stellte die frühmittelalterliche Gesellschaft im südwestdeutschen Raum eine durchweg sehr durchmischte dar.

Eine erneute Zäsur in der Zusammensetzung der Bevölkerung stellten der Dreißigjährige Krieg sowie die Reunionskriege und deren Folgen dar. Zwischen etwa 1640 und 1660 war der Bliesgau nahezu menschenleer, weshalb sich sowohl die Herrscherhäuser als auch die französische Verwaltung der bis 1697 von Frankreich besetzten Gebiete darum bemühten, Einwanderer anzuwerben, um die Wirtschaft wieder anzukurbeln. Einwanderungspatente, die Land und Steuervergünstigungen versprachen, lockten insbesondere Menschen aus Tirol, Vorarlberg, Bayern, der Schweiz, Savoyen, dem Elsass und Innerfrankreich in den Bliesgau. Die meisten waren arm und hatten sich in ihrer früheren Heimat etwa als Tagelöhner durchschlagen müssen oder in den überbevölkerten, kargen Alpentälern Hungersnöte durchlitten. Hinzu kamen religiös verfolgte Einwanderer wie Mennoniten oder Hugenotten aus der Schweiz. Auch aus Luxemburg, dem Trierer Raum sowie der Pfalz sind Neuankömmlinge belegt. Diese Einwanderungswellen, die einen bunten Bevölkerungsmix hervorbrachten, zogen sich bis ins mittlere 18. Jh. Man muss sich vorstellen, dass um 1700 auf Volksfesten im Bliesgau an einem Biertisch zeitgleich fränkische Mundarten, Tirolerisch, alemannisches Schwizerdütsch und Französisch gesprochen worden sein könnten. Bedenkt man dies, wird einem klar, wie vielseitig neben sprachlichen Eigenarten etwa auch die Einflüsse in der Küche oder den Bräuchen des Bliesgaus sind.

Von schweizerischen Einwanderern aus dieser Zeit stammen etwa Personen ab, welche die bis heute im Bliesgau häufig anzutreffenden Nachnamen Hussong oder Hunsicker tragen. In Rubenheim erinnerte das bis 2010 stattfindende Kleintiroler Weiherfest an die aus Tirol eingewanderten Vorfahren. Französische Nachnamen wie Mathieu, Colling / Kolling (frz. *Collin*) oder Couturier zeugen von der Nähe zu Frankreich und den jahrhundertelangen Beziehungen zur dortigen Bevölkerung.

Die Industrialisierung im ausgehenden 19. Jh., während der in den Bergwerken und Eisenwerken an der Saar und deren Hinterland massenhaft neue Arbeitsplätze entstanden, führte dazu, dass aus weiten Teilen Deutschlands, u. a. aus Ostpreußen, Menschen in der Hoffnung auf gut bezahlte Arbeit an die Saar zogen, wobei sich einzelne davon auch im Bliesgau niederließen.

Ab den 1960er-Jahren ließen sich im Saarland und auch im Bliesgau eine ganze Reihe Arbeitsmigranten aus Mittel- und Süditalien nieder. So besitzen heute noch etwa 400 Menschen im Bliesgau die italienische Staatsbürgerschaft. Obwohl dies gefolgt von türkischen, französischen und polnischen Auswanderern die größte Gruppe an Ausländern darstellt, macht sie jedoch nicht einmal 1 % der Bevölkerung aus.

Zusammengefasst kann man also sagen, dass es sich im Bliesgau um eine Bevölkerung handelt, die sich aus Nachfahren verschiedenster Herkunft (Abb. 152) zusammensetzt, womit sich die geografische Lage sowie wechselvolle Geschichte der Region widerspiegelt.

Lebensbedingungen in den Bliesgaudörfen im frühen 20. Jh.

Ein einfaches, hartes Landleben

von Andreas Stinsky

Die Männer im Dorf waren entweder Bauern oder arbeiteten als Handwerker. Viele fanden auch Arbeit in den Gruben oder Eisenwerken in den Nachbarregionen, wohin sie entweder jeden Morgen früh pendelten oder während der Woche in Schlafhäusern unterkamen. Ein paar Familien hatten sich aufs Kaufmannswesen spezialisiert und betrieben kleine Läden für Lebensmittel, Textilien oder Kolonialwaren. Daneben gab es in fast jedem Ort eine Mühle, deren Familien oft zu den wohlhabendsten im Dorf gehörten, sowie von Wirtsfamilien geführte Gaststätten. Als weitere Berufsgruppe sind wenige Beamte zu nennen, die auf den Bürgermeistereien oder in den Zollhäusern angestellt waren.

Als Beispiel, wie sich die Dorfgemeinschaften zusammensetzten, seien hier Brenschelbach und Riesweiler aufgeführt, wo 1927 122 Häuser, 143 Haushalte und 124 landwirtschaftliche Betriebe mit Größen zwischen 0,5 und 20 ha bestanden. Unter den Einwohnern waren 95 Bauern, 13 Handwerker, 13 Arbeiter, 6 Kaufleute sowie 7 Beamte.

Auch die Familien der Handwerker, Bergleute, Kaufleute und Wirte waren nebenher landwirtschaftlich aktiv, um sich so gut wie möglich selbst mit Nahrungsmitteln zu versorgen und bei Überschussproduktion eine weitere Einnahmequelle zu gewährleisten. Fast jedes Haus verfügte

über einen Stall, in dem auch die Handwerksfamilien ein paar Nutztiere hielten. So hielt bspw. eine Schuhmacherfamilie aus Bliesdalheim um 1925 in ihrem Stall eine Kuh, ein Rind, zwei Schweine, eine Ziege, zwei Hasen und im Garten 20 Hühner.

Den Frauen kam eine besonders arbeitsreiche Rolle zu. Sie hatten sich neben dem Haushalt und der Versorgung der Kinder zusammen mit diesen um den Garten sowie die Tiere im Stall zu kümmern. Auch bei der harten Feldarbeit, bei der ebenfalls schon früh die Kinder mithalfen, spielten die Frauen eine wesentliche Rolle. Das harte Leben der Menschen orientierte sich stark an den Jahreszeiten, wobei Feste und Feiertage teils aufwendig vorbereitete Höhepunkte im sozialen Dorfleben darstellten (Abb. 154).

An öffentlichen Gebäuden gab es im Zentrum die Bürgermeisterei sowie die Kirche, neben der das Pfarrhaus anschloss. In vielen Orten wohnten zu dieser Zeit Katholiken und Protestanten oft noch als mehr oder minder geschlossene Gruppen in eigenen Vierteln.

Abb. 154: Kirmes-Gesellschaft in Bliesdalheim in den 1920er-Jahren. Rechts ist der Kerwestrauß zu sehen, eine mit bunten Papierbändern geschmückte junge Fichte, die traditionell während der Kirmes an einer Gaststätte aufgehängt und danach an einem geheimen Ort bis zur nächsten Kerb vergraben wird. Die Leiter daneben diente dazu, ebenfalls bis heute Brauch, von ihrem oberen Ende die Kerweredd zu verlesen, ein meist gereimter, satirischer Jahresrückblick.

Es gab zwar schon Straßennamen, doch waren die meisten Dörfer im Sprachgebrauch nach Ecken unterteilt, wie das *Hinner-* (Hinter), *Kleene* (Kleine), *Owwer-* (Ober) oder *Unner-Eck* (Unter). Die einzelnen Anwesen wurden in der Regel nach ihren Besitzern oder ehemaligen Bewohnern mit ortsspezifischen Spitznamen bezeichnet wie bspw. *in Knerre*, d. h. bei der Familie Knerr, *näwa Schilwes Lissje*, neben Elisabeth Schilb, oder *Schuhmachasch*, beim Schuhmacher. In den 1920er-Jahren kam in den meisten Dörfern die Versorgung mit elektrischem Strom sowie fließendem Wasser aus Leitungen auf. Die Dorfstraßen waren geschottert, mit aus Kalkstein gepflasterten Rinnen (im Dialekt *Kolläs*) flankiert (s. Abb. 54a, 103 u. 108) und wurden erst im darauffolgenden Jahrzehnt allmählich mit Asphalt überzogen. Wie wichtig die Landnutzung war, zeigt sich darin, dass die gesamten Dorfgemarkungen in Gewanne und Fluren unterteilt waren, deren Namen jedermann kannte.

In vielen Orten gab es neben öffentlichen Brunnen auch Waschhäuser, wo die Frauen die Schmutzwäsche der Familien sauber wuschen. Bei den meisten Bliesdörfern gab es entsprechende Waschplätze direkt am Fluss (Abb. 155).

1.300 Jahre Kirchengeschichte

Von der Missionierung über die Reformation bis zur Gegenwart

von Andreas Stinsky

Wann im Bliesgau die ersten Christen lebten, lässt sich nicht sagen. Ein Keramikschälchen und ein Spielstein mit eingeritzten Christusmonogrammen aus dem römischen *vicus* von Bliesbruck könnten möglicherweise im Zusammenhang mit ersten vereinzelten Christen an der unteren Blies im 3./4. Jh. n. Chr. stehen. Bis ein nennenswerter christlicher Einfluss in der Gesellschaft wahrnehmbar war, vergingen jedoch noch Jahrhunderte.

In der Mitte des 7. Jhs. wurde auf dem ersten Friedhof von Altheim eine kleinere Holzkirche erbaut, die vermutlich eine Eigen- bzw. Grabkirche einer wohlhabenden und einflussreicheren Familie darstellte. Sie ist die erste bekannte Kirche im Bliesgau. Innerhalb dieser Kirche wurden zwei Frauen beigesetzt, die als Stifterinnen oder enge Angehörige des Stifters angesehen werden dürfen. Der Brauch, dass Kirchenstifter oder -förderer Sakralgebäude als ihre letzte Ruhestätte auswählten, sollte fortan über Jahrhunderte Bestand haben. Der Bau der Altheimer Kirche ging einher mit einem archäologisch immer greifbareren Aufkommen christlichen Einflusses ab der 2. Hälfte des 7. Jhs., als auch der jahrhundertealte Brauch, den Verstorbenen Beigaben mit ins Grab zu geben, verschwand. Ab etwa 700 gerieten auch die Reihengräberfelder außerhalb der Siedlungen außer Nutzung. Sie wurden zunehmend durch neue Friedhöfe ersetzt, die in unmittelbarer Nachbarschaft der nun innerhalb der Siedlungen gegründeten Kirchen lagen. Diese stellten nicht mehr reine Eigenkirchen der Oberschicht dar, sondern dienten auch dem Abhalten von Gottesdiensten für die Siedlungsgemeinschaften.

Nach der Gründung des nahe gelegenen Klosters Hornbach, damals *Gamundias* genannt, in der Pfalz um 741 beschleunigte sich aufgrund missionarischen Eifers der Mönche die Ausbreitung des christlichen Glaubens. Das Hornbacher Kloster wurde durch einen der eifrigsten Wandermönche dieser Zeit, Pirminius, gegründet, auf den u. a. auch das Kloster auf der Insel Reichenau im Bodensee zurückgeht und nach dem die Stadt Pirmasens benannt ist.

Die älteste urkundlich belegte Kirche im Bliesgau ist St. Martin in Habkirchen, die erstmals 819 erwähnt wird. Die Bedeutung als einer der ersten zentralen Kirchenstandorte kann man bereits daran erkennen, dass schon der Ortsname Bezug auf die Kirche nimmt. Die älteste überlieferte Form des Ortsnamens lautet *Apponis Ecclesia*, was mit „Kirche des Abbo" übersetzt werden kann. Bei diesem Abbo dürfte es sich um einen fränkischen Adligen gehandelt haben, der vielleicht schon einen der ersten Bliesgaugrafen darstellte und auf seinem Grund und Boden eine Kirche stiftete. Neben Habkirchen war das bei Breitfurt gelegene Kirchheim, heute der Kirchheimer Hof, eine der ältesten Pfarreien mit wohl auch einer der ersten Kirchen im Bliesgau. Dies ist ebenfalls am Namen der Siedlung erkennbar, auch wenn diese in den erhaltenen mittelalterlichen Quellen erst im 14. Jh. erstmals Erwähnung findet. Wie in Habkirchen war auch diese Kirche dem Heiligen Martin geweiht, was darauf zurückzuführen ist, dass dieser in frühfränkischer Zeit, als Habkirchen und Kirchheim gegründet wurden, eine Art fränkischer Nationalheiliger und Schutzpatron des Königshauses war.

Es ist auffällig, dass viele mittelalterliche Kirchen im Bliesgau auf den Mauerresten von römischen Villen errichtet wurden, wie es in Böckweiler, Gersheim, Erfweiler, Reinheim, Habkirchen, Medelsheim und Ommersheim der Fall ist. Dies ist kein regionalspezifisches Phänomen, sondern im gesamten südwestdeutschen Raum und bspw. auch in Oberitalien sehr häufig anzutreffen. Trotz des häufigen Aufkommens ist es immer noch unklar, ob dies darauf zurückzuführen ist, dass sich generell viele der frühmittelalterlichen Dörfer mit Kirchengründungen aus spätantiken Siedlungsstellen heraus entwickelten. Es ist nämlich ebenso gut möglich, dass man diese Stellen nur aufgrund des bereits vor Ort anzutreffenden Baumaterials aus den römischen Ruinen auswählte, da Kirchen die ersten Steinbauten des Frühmittelalters darstellten.

Über die Gründungsphasen und die ersten Entwicklungen der Kirchenstandorte haben wir kaum nähere Kenntnisse, da die ersten Gebäude in den nachfolgenden Jahrhunderten abgerissen und oft durch zahlreiche Neubauten ersetzt wurden, sodass eine Erforschung der ältesten Phasen durch archäologische Ausgrabungen nur dann erfolgen kann, wenn die Kirche abgerissen wurde oder, etwa bei einer grundlegenden Sanierung, der Kirchenboden vollständig entfernt wird. Solche Grabungen waren im Bliesgau bislang in Böckweiler, Bliesbruck, Bliesransbach, Wecklingen, Bierbach und der Klosterkirche von Gräfinthal möglich.

Im 11. Jh. und dann nochmals im 14. Jh. erfolgte eine Welle von zahlreichen weiteren Neugründungen bzw. Ausbauten von Kirchen, die meist durch den niederen Adel erfolgten. Dessen Angehörige versuchten auf diese Weise, neben testamentarischen Stiftungen an das Bistum oder Klöster, ihr Seelenheil zu sichern.

In Böckweiler und Wintringen, dem heutigen Wintringer Hof, wurden im 9. bzw. 11./12. Jh. Prioratskirchen, Filialen, der Klöster im pfälzischen Hornbach und Wadgassen an der Saar eingerichtet.

Im mittleren 13. Jh. wurde auf Geheiß der Blieskasteler Gräfin Elisabeth das Kloster Gräfinthal gegründet, das sich zu einer Stätte der Marienverehrung entwickeln sollte. Betreut wurde dieses von Mönchen des Wilhelmiterordens. 1785 wurde das Kloster aufgelöst. Es war das letzte des Wilhelmiterordens auf dem Boden des Heiligen Römischen Reiches. Nach 208 Jahren wurde 1993 das Kloster mit Benediktinermönchen aus dem niederländischen Vaal wiederbelebt, die sich 2014 aus Personalmangel dem benediktinischen Zweigorden der Olivetaner aus der Toskana anschlossen.

Der als Reformation bekannten kirchlichen Erneuerungsbewegungen, die im deutschen Raum ab dem frühen 16. Jh. maßgeblich durch Martin Luther vorangetrieben wurden, standen im Bliesgau insbesondere die Herzöge von Pfalz-Zweibrücken offen gegenüber. Bereits ab 1533 wurde im Herzogtum damit begonnen, eine protestantische Landeskirche aufzubauen. Zweibrücken gehört damit zu den frühesten Territorialgebieten auf deutschem Boden, auf denen die reformatorische Idee zugelassen und gefördert wurde. Ab 1574 war auch die Grafschaft Saarbrücken evangelisch. Fortan hatten sich auch die Untertanen der Regenten zur neuen Konfession zu bekennen. Das Erzbistum Trier und das Herzogtum Lothringen blieben hingegen erzkatholisch. Gleiches galt für die spätere, verwandtschaftlich und politisch eng mit dem Trierer Erzbistum verbundene Herrschaft von Blieskastel. Dies hatte zur Folge, dass je nach Herrschaftsbereichen die Einwohner eines Ortes allesamt katholisch, die des Nachbardorfes jedoch alle protestantisch waren. Damalige politische Zugehörigkeiten prägen bis heute das Mehrheitsverhältnis zwischen Katholiken und Protestanten in den Orten des Bliesgaus. So sind etwa 90 % der Einwohner von Wolfersheim evangelisch, im Nachbardorf Bliesdalheim jedoch 75 % katholisch.

Die konfessionellen Ausrichtungen der Herrscherhäuser blieben im Bliesgau auch nach dem Dreißigjährigen Krieg (1618–48) bestehen. Ausgehend von den Glaubenskriegen bestanden in den nachfolgenden Jahrhunderten zahlreiche Konflikte und Zwistigkeiten zwischen Katholiken und Protestanten, was dazu führte, dass noch bis ins frühe 20. Jh. hinein meist nur Ehen zwischen Mann und Frau geduldet wurden, die ein und derselben Konfession angehörten.

Ab 1670 ließ der französische König Ludwig XIV. die linksrheinischen Gebiete besetzen, was bis 1697 dauerte. Während dieser Zeit wurde eine Rekatholisierung der besetzten Gebiete angestrebt, wodurch in dieser Periode viele Kirchen auch wieder für katholische Gemeinden zugänglich gemacht wurden. Die Spannungen zwischen Katholiken und Protestanten veranschaulicht eine Anekdote aus Brenschelbach aus dem Jahr 1737. Die dortige protestantische Kirche durften Katholiken zwar nicht für die Sonntagsgottesdienste, aber für Taufen, Eheschließungen und Begräbnismessen nutzen. Als man auch für die Kirchweihe einen Gottesdienst abhalten wollte, weigerten sich die Protestanten den Schlüssel herauszugeben, woraufhin die Katholiken die Außenmauer der Sakristei durchstießen und die Pforte mittels Äxten von innen aufschlugen.

Im Barockzeitalter wurden im Laufe des 18. Jhs. zahlreiche Kirchen umgebaut, erweitert, wie bspw. in Mimbach, Wolfersheim, Breitfurt oder Reinheim, oder gar komplett neu gebaut.

In Blieskastel, in das 1773 die Reichsgrafen Franz Carl und seine Gattin Marianne von Koblenz ihre Residenz verlegt hatten, wurde zwei Jahre später auf Betreiben von Franz Carl direkt neben dem Schlosspark ein Kloster samt Lateinschule gegründet, das den Franziskaner-Rekollekten, ein Seitenzweig des Franziskanerordens, unterstand. Schon 1793, im Zuge der französischen Revolutionskriege, wurden die Mönche vertrieben und 1802 das Kloster offiziell aufgelöst.

Um die zahlreichen Wallfahrer, die als Marienverehrer ab 1900 immer zahlreicher zu der alten Heilig-Kreuz-Kapelle auf die Han genannte Anhöhe in Blieskastel pilgerten, seelsorgerisch zu betreuen, berief der Speyrer Bischof 1924 Kapuzinermönche aus Bayern nach Blieskastel. Um diesen ein Domizil zu geben, begann man noch im selben Jahr mit dem Bau eines Klosters, das bereits ein Jahr später eingeweiht wurde. Da immer mehr Pilger zu dem Kloster kamen und die kleine Kapelle nicht mehr genügend Platz bot, wurde oberhalb dieser 1929 zusätzlich eine Klosterkirche fertiggestellt. Das Kloster umfasst auch einen kleinen Friedhof sowie einen Park mit religiösen Figurengruppen. 2005 übernahmen polnische Franziskaner-Minoriten aus der Gegend um Krakau das Kloster in Blieskastel.

Die heutige Bevölkerung im Bliesgau weist etwa 67 % Katholiken und 19 % Protestanten auf. Aufgrund des demografischen Wandels und der steigenden Kirchenaustritte geht die Zahl, wie vielerorts in Europa, in den letzten Jahren immer mehr zurück. Als Folge sind die Gottesdienste kaum noch besucht und immer mehr Kirchen werden geschlossen. Als denkmalgeschützte Bauten stellen sie trotz allem die Wahrzeichen der meisten Dörfer dar.

Kirchen und Kapellen im Bliesgau

ORT	NAME	ART PK = PFARRKIRCHE K = KIRCHE KK = KLOSTERKIRCHE PRIK = PRIORATSKIRCHE SK = SIMULTANKIRCHE KA = KAPELLE	ERBAUT BZW. FRÜHESTER BELEG	GR. UMBAUTEN, KOMPLETTER NEUBAU ZUMIND. DES KIRCHEN-SCHIFFES OD. ABRISS
Altheim	?	Eigenkirche	Mitte 7. Jh.	8. Jh. (?)
Habkirchen	St. Martin	kath. PK	819 erstmals erwähnt	**12. Jh., 1785**
Altheim	St. Andreas	kath. PK	9. Jh. (?)	**1360–90**, 1499, 1760–63
Böckweiler	St. Stephan	kath. PriK, heute prot. PK	9. Jh.	**11., 12.**, 16. u. 17. Jh.
Blieskastel	?	Burgkapelle	11. Jh. (?)	1660 (?)
Bliesrans-bach	St. Lukas (I.)	kath. PK	9./10. Jh.	**11./12. Jh., 17. Jh., 1779**, 1969–71
Rubenheim	St. Mauritius	kath. PK	10./11. Jh.	13. Jh., **1778–79**, 1895, 1927–28
Blickweiler	St. Barbara (ehem. St. Romaricus)	kath. PK	11. Jh.	**1163, 1733**, 1928

ORT	NAME	ART PK = PFARRKIRCHE K = KIRCHE KK = KLOSTERKIRCHE PRIK = PRIORATSKIRCHE SK = SIMULTANKIRCHE KA = KAPELLE	ERBAUT BZW. FRÜHESTER BELEG	GR. UMBAUTEN, KOMPLETTER NEUBAU ZUMIND. DES KIRCHEN- SCHIFFES OD. ABRISS
Bliesbruck	Sainte-Catherine	kath. PK	11. Jh.	14. Jh., **1772**, 1945
Reinheim	St. Markus	kath. K	ca. 12. Jh. (als Pfarrei belegt ab 1314)	**1790–91**
Wintringen (Wintringer Hof)	Wintringer Kapelle	kath. PrIK, heute KA	11./12. Jh.	13./14. Jh., **15. Jh.**
Walsheim	ehem. St. Michael u. St. Margaretha	kath. PK, dann SK, danach prot. PK	11./12. Jh.	1289, um 1750
Bebelsheim	St. Margaretha und St. Quintin (ehem. St. Martin)	kath. PK	ca. 12 Jh. (als Pfarrei belegt ab 1267)	**1737**, 1831
Gersheim	St. Alban	kath. PK	vor 1152	**1846**
Ommers-heim	Mariä Heim-suchung	kath., dann prot. PK, danach wieder kath. PK	vor 1180	**1829**, 1967–68
Erfweiler-(Ehlingen)	St. Mauritius	kath. PK	ca. 12. Jh. (als Kirche belegt ab 1347)	**1613**, 1824, **1904**
Obergailbach	Saint-Maurice	kath. K	12. Jh.	1774, 1902
Lautzkirchen	St. Mauritius	kath. PK	vor 1180	**1469, 1785, 1960**
Seelbach	B. M. V.	kath. PK	vor 1180	1835–40

ORT	NAME	ART PK = PFARRKIRCHE K = KIRCHE KK = KLOSTERKIRCHE PRIK = PRIORATSKIRCHE SK = SIMULTANKIRCHE KA = KAPELLE	ERBAUT BZW. FRÜHESTER BELEG	GR. UMBAUTEN, **KOMPLETTER NEUBAU ZUMIND. DES KIRCHEN- SCHIFFES** OD. ABRISS
Wecklingen	St. Martin	kath., dann prot. PK	vor 1231	*im frühen 18. Jh. verfallen*
Habirchen	Annakapelle	kath. KA	vor 1239	**1949**
Bliesmengen- (Bolchen)	St. Petrus in Ketten	kath. PK	vor 1243	**14. Jh., 1752,** 1866
Gräfinthal	St. Maria	KK, heute KA	1243	**1717–19, 1810**
Wittersheim	St. Remigius (ehem. St. Martin)	kath. K	vor 1267	1609, **1770,** 1839–41, 1948–60
Kirchheim (Kirchheimer Hof)	St. Martin	kath. PK	1306	*18. Jh.*
Medelsheim	St. Martin (ehem. St. Jacobus minor)	kath. PK	1313	**1746**
Brenschel- bach	ehem. St. Bartholomäus	kath. PK, später prot. K	vor 1314	**1784, 1928 / 29**
Niedergail- bach	St. Nikolaus von Flüe (ehem. St. Hubertus)	kath. PK	vor 1320	**1721, 1953–54**
Mimbach	Christuskirche (ehem. St. Simon und Judas)	kath., danach prot. PK	1360	**1769**
Blies- Guersviller	Saint-Quirin	kath. K	14. Jh.	

ORT	NAME	ART PK = PFARRKIRCHE K = KIRCHE KK = KLOSTERKIRCHE PRIK = PRIORATSKIRCHE SK = SIMULTANKIRCHE KA = KAPELLE	ERBAUT BZW. FRÜHESTER BELEG	GR. UMBAUTEN, KOMPLETTER NEUBAU ZUMIND. DES KIRCHEN-SCHIFFES OD. ABRISS
Wolfersheim	ehem. St. Stephan	kath., dann prot. K	14. Jh.	**1754**
Ormesheim	St. Mauritius	kath. PK	vor 1360	1810, **1932**
Blieskastel	St. Sebastian	kath. PK	15. Jh.	um **1540**, 1664, 1934
Breitfurt		kath. KA, dann kath. K, danach prot. PK	15. Jh.	**1720**, 1822
Webenheim	Martin-Luther-Kirche (Vorgänger Ägidiuskirche)	prot. K, dann SK, danach wieder prot. K	1464	**1733, 1866–67**
Bierbach		ab 1548 prot. PK, 1684 SK, 1921-1963 kath. K	zw. 1466–82	1775, 1921, 1968
Medelsheim	Kreuzkapelle zur Schmerzhaften Mutter	kath. KA	1504	**1767**
Guiderkirch	Sainte-Anne	kath. KA	1619	1829
Blieskastel	Heilig-Kreuz	kath. KA	1669	**1683**
Bliesbruck	Chapelle de la Hermeskappel	kath. KA	17. Jh.	
Ormesheim	Strudelpeter-kapelle (ehem. St. Donatus)	kath. KA	vor 1717	1845

ORT	NAME	ART PK = PFARRKIRCHE K = KIRCHE KK = KLOSTERKIRCHE PRIK = PRIORATSKIRCHE SK = SIMULTANKIRCHE KA = KAPELLE	ERBAUT BZW. FRÜHESTER BELEG	GR. UMBAUTEN, **KOMPLETTER NEUBAU ZUMIND. DES KIRCHEN- SCHIFFES** OD. ABRISS
Bliesrans- bach	Wendalinus- kapelle	kath. KA	1736	1862
Niederwürz- bach	Heiliggeistkirche	KA, dann kath., danach prot. PK	1738-42	1953
Biesingen	St. Anna	KA, später kath. PK	vor 1578	**1777, 1904–05**
Erching	Saint-Maurice		1777	1950
Blieskastel	St. Anna und St. Philipp (sog. Schlosskirche)	ursprünglich KK, seit 1801 kath. PK	1776–78	
Blieskastel	Stiftskirche	Stiftskirche der Chorherren	1787 begon- nen, blieb unvollendet	1810
Utweiler	St. Konrad von Parzham und Mariä Himmelfahrt	kath. K	1791	1934
Bliesdalheim	St. Wendalinus	zunächst Friedhofs- kapelle, dann kath. PK	1801	1922
Frauenberg	Chapelle de la Vierge	kath. KA	?	
Bliesbruck	Chapelle Saint- Sébastien	kath. KA	1814	
Niedergail- bach	Marienkapelle	kath. KA	1816	1859, 1968

DIE MENSCHEN

ORT	NAME	ART PK = PFARRKIRCHE K = KIRCHE KK = KLOSTERKIRCHE PRIK = PRIORATSKIRCHE SK = SIMULTANKIRCHE KA = KAPELLE	ERBAUT BZW. FRÜHESTER BELEG	GR. UMBAUTEN, KOMPLETTER NEUBAU ZUMIND. DES KIRCHEN- SCHIFFES OD. ABRISS
Blies-Schweyen	Saint-Eustache	kath. K	1841	
Pinningen	S. B. Mater Dolorosa Maria	kath. K	1848–51	**1949**
Walsheim	St. Pirminus	kath. PK	1853–56	
Erfweiler-(Ehlingen)	St. Joseph	kath. KA	1867–69	
Blies-Ébersing	Saint-Hubert	kath. K	1874	
Niederwürzbach	St. Hubertus und Herz Jesu	kath. PK	1879–81	1948–49
Bliesdalheim		prot. K	Turm 1907, Schiff 1926/27	
Bierbach		prot. K	1909	
Blieskastel		prot. PK	1911/12	
Blieskastel	Mater Dolorosa	kath. KK	1925–29	
Ballweiler	St. Josef	kath. PK	1929	
Bliesransbach	St. Lukas (II.)	kath. PK	1929–32	
Wittersheim	Kriegergedächtniskapelle	KA	1936	1959

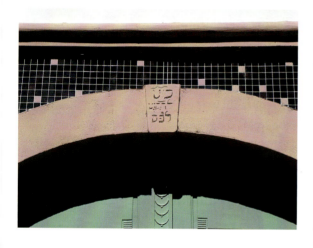

Dorfes, in der heutigen Ludwigstraße, errichtet, der Friedhof der Kultusgemeinde im 14 km entfernten Blieskastel blieb jedoch auch danach der einzige im Bliesgau, sodass die Gersheimer Juden weiterhin ihre Verstorbenen dorthin transportieren mussten.

Diente vormals vermutlich allein das Wohnhaus des Rabbiners als Gebetssaal für die Kultusgemeinde, ist in Blieskastel erstmals 1815 eine Synagoge überliefert, deren Standort jedoch nicht bekannt ist. Der Zuwachs der Gemeinde führte dazu, dass 1827 am Luitpoldplatz ein um 1790 erbautes Anwesen erworben wurde, das in eine Synagoge mit jeweils einem Gebetssaal für Männer und Frauen umgewandelt wurde (Abb. 157). 1835 wurde das Gebäude baulich verändert, sodass es fortan auch über eine Mikwe, ein rituelles Bad, verfügte.

Um 1900 kam es dann zu einem Rückgang der jüdischen Bevölkerung. In der Folge einer weiteren Industrialisierungswelle zogen zahlreiche Familien in größere Städte oder wanderten, wie generell viele Bliesgauer, in die USA aus. Waren im Jahr 1900 noch 32 der damals 684 Einwohner in Gersheim jüdischen Glaubens, schrumpfte die Mitgliederzahl der Gemeinde, wie auch jener in Blieskastel, am Anfang des 20. Jhs. so sehr, dass bereits ab 1908 in beiden Orten keine Gottesdienste mehr abgehalten wurden. 1914 bzw. 1917 lösten sich schließlich beide Kultusgemeinden auf. Kurz darauf wurden die Synagogen verkauft und in Wohnhäuser umgewandelt, als solche sie bis heute noch dienen.

Das Erstarken der Nationalsozialisten mit ihrer judenfeindlichen Politik im Deutschen Reich führte dazu, dass Familien, denen es möglich war, einen Neubeginn im Ausland bevorzugten. 1935, als der Bliesgau als Teil des Saargebietes an das inzwischen nationalsozialistische Deutsche Reich angeschlossen wurde, lebten in Blieskastel noch neun, in Gersheim sechs jüdische Bürger. Die nachfolgenden zehn

Jahre sollten zu einer Schreckensepoche werden. Am 9. November 1938 wurden, wie im gesamten Deutschland, auf Veranlassung der Staatsführung auch die großen Synagogen in Zweibrücken und Saarbrücken in Brand gesetzt, von Juden geführte Geschäfte und Privatwohnungen geplündert und demoliert sowie Friedhöfe geschändet. In den größeren Städten kam es zur öffentlichen Jagd von jüdischen Mitbürgern durch SS-Angehörige und Regimesympathisanten, in deren Folge eine Vielzahl der Juden in Gefängnisse und von dort weiter in Konzentrationslager deportiert wurde. Dort wurden sie unter unmenschlichen Bedingungen zu Knochenarbeit gezwungen, auf grausamste Art gequält und später meist ermordet. Juden wurden unter den Nationalsozialisten durch den Staat systematisch diskriminiert, enteignet, entrechtet und mit dem Ziel, alle Juden zu vernichten, massenhaft ermordet. Auch in Blieskastel fanden Pogrome gegen jüdische Mitbürger und die Zerstörung von Wohnungen und Geschäften statt. 1939/40 wurde auch der Friedhof verwüstet. 1940 lebte nur noch ein jüdischer Bürger in Blieskastel. 24 gebürtige Blieskasteler oder langjährig dort Lebende wurden von den Nazis ermordet, 13 davon im Konzentrationslager von Auschwitz in Polen. Von den jüdischen Gersheimern fielen drei dem

Abb. 159: Auf dem jüdischen Friedhof von Blieskastel wurden vom späten 17. Jh. bis in die 1960er-Jahre Verstorbene beigesetzt. Diese stammten nicht nur aus Blieskastel, sondern kamen u. a. auch aus Gersheim, Medelsheim, u. v. a.

Seite 208, unten: Abb. 158: Torsturz eines Wohn- und Geschäftshauses aus dem 18. Jh. in Blieskastel mit hebräischer Inschrift, welche die Initialen der Erbauer sowie das Erbauungsjahr nach dem jüdischen Kalender nennt.

Holocaust zum Opfer. Die Nationalsozialisten löschten das seit Jahrhunderten bestehende jüdische Leben im Bliesgau aus.

Durch diverse Umbauten ist das heutige Erscheinungsbild der ehemaligen Synagoge in Gersheim stark verändert, doch ist sie in ihren Grundzügen immer noch erhalten geblieben und fällt insbesondere durch die sonst in der Region untypischen Rundbogenfenster auf.

Neben den alten Synagogen in Blieskastel und Gersheim, jene in Frauenberg wurde 1940 von den Nazis zerstört, sind heute nur noch wenige Spuren der jüdischen Geschichte im Bliesgau zu finden, wie in Blieskastel ein Torsturz mit hebräischer Inschrift (Abb. 158), ein Straßenschild „Frühere Judengasse" und Stolpersteine mit Namen von jüdischen Einwohnern, die von den Nazis ermordet wurden. Bei Reinheim lautet ein Flurname „Judenkirchhof", der jedoch eher auf eine archäologische Fundstätte, als auf einen alten jüdischen Friedhof verweisen dürfte. Auf dem Blieskasteler Friedhof, der wie jener bei Frauenberg immer noch besteht, haben sich bis heute hunderte Gräber mit Inschriften in Hebräisch und Deutsch aus den Jahren 1718 bis 1965 erhalten (Abb. 159).

SEHENSWÜRDIGKEITEN AUS DER JÜDISCHEN GESCHICHTE

Blieskastel, Klosterweg	Friedhof mit Grabsteinen von 1718–1965
Blieskastel, Luitpoldplatz	ehem. Synagoge (heute Privathaus)
Frauenberg	Friedhof mit Grabsteinen ab 1740
Gersheim, Ludwigstraße	ehem. Synagoge (heute Privathaus), 1890–1917
IM UMLAND	
Homburg, Friedhofstraße	Friedhof mit Grabsteinen von 1824–2006
Homburg, Klosterstraße	ehem. Synagoge, 1860–1938

Die regionale Küche
Mehl- und Kartoffelspeisen

von Andreas Stinsky

Eine Auswahl traditioneller Gerichte aus dem Bliesgau:

Geheirade

Geheirade bedeutet „Verheiratete", was scherzhaft das Zusammensein von Kartoffeln und Mehlknödeln, die Hauptbestandteile des Gerichtes, beschreibt.

Die Kartoffeln schälen und in kochendes Salzwasser geben. Währenddessen das Mehl mit den Eiern unter Zugabe des Sprudelwassers zu einem zählflüssigen, blasenfreien Teig verrühren, der mit Salz gewürzt wird. Wahlweise kann man auch etwas Pfeffer und Muskatnuss dazugeben.

Wenn die Kartoffeln weichgekocht sind, den Teig esslöffelweise in das Kochwasser geben und dort noch ein paar Minuten köcheln lassen.

Den Speck in Öl anbraten. Wenn die Mehlknödel (*Kneppscha*) fertig sind, diese zusammen mit den Kartoffeln mittels einer Siebkelle aus dem Wasser nehmen und beides zusammen in eine Schüssel geben. Mit Sahne abgießen und den gebratenen Speck mit seinem Bratfett dazugeben.

Für 2 Personen

300 g Kartoffeln
200 g Mehl
2 Eier
80 g Schweinespeck
Sahne
ca. 100 ml Sprudelwasser
Salz
Öl zum Braten

Abb. 160a–f:
traditionelle Gerichte
aus dem Bliesgau.

Hôorische

2 kg Kartoffeln
200 g Schweinespeck
300 g Rahm
3 TL Salz
Öl zum Braten

Hôorische bedeutet „Haarige", weil die Fasern der Kartoffeln nach deren Pressen wie kleine Haare von den handgerollten Klößen abstehen.

Am Vorabend die Hälfte der Kartoffeln kochen und diese, nachdem sie kalt sind, schälen. Am Folgetag diese dann durch eine Presse drücken.

Den Schweinespeck in kleine Würfel schneiden. Die übrigen Kartoffeln schälen und anschließend im Entsafter zerreiben und pressen. Danach die rohen und gekochten Kartoffelmassen von Hand in einer großen Schüssel miteinander gut durchmischen. Dazu 3 TL Salz geben.

Die gemischte Kartoffelmasse anschließend zu länglichen Klößen etwa in Form größerer Gewürzgurken formen. Dafür die Kartoffelmasse zwischen den Händen in die gewünschte Form rollen.

Die fertig geformten *Hôorische* in kochendes, wenig gesalzenes Wasser geben, in dem sie eine Viertelstunde köcheln. Währenddessen den gewürfelten Speck anbraten.

Sind die *Hôorische* fertiggekocht, diese mit dem gebratenen Speck und dessen Fettsoße abschmelzen und mit Sahne übergießen.

Typische Beilagen sind Endivien- oder Feldsalat, eher selten wird Sauerkraut serviert.

DIE MENSCHEN

Dibbelabbes

**Für 2 Personen
bzw. 4 Dibbelabbes**

Der Name *Dibbelabbes* rührt vermutlich daher, dass diese *labbrische* (weiche, instabile) Kartoffelmasse in einem *Dibbe* (kleiner Topf) zubereitet wird.

Die rohen Kartoffeln schälen und reiben. Nach dem Schneiden der Zwiebeln in kleine Würfel oder Scheiben diese mit den geriebenen Kartoffeln und einem aufgeschlagenen Ei vermengen.

Den Kartoffelteig nach Belieben mit Salz und Pfeffer würzen und kleingewürfelten Speck hinzugeben. Danach wird das Öl in einer (idealerweise) gusseisernen Pfanne erhitzt und dann der Teig hinzugegeben. Dabei wird dieser mit dem Pfannenwender bei ständigem Wenden angebraten, bis sich eine goldbraune Kruste bildet.

Serviert wird schließlich mit Apfelmus.

2 kg Kartoffeln

150 g Schweinespeck

2 Zwiebeln

1 Ei

Salz

Pfeffer

Öl zum Braten

Apfelmus

Löffelsches Bohnesupp

Für 2 Personen
à je 2 Portionen

500 g grüne Bohnen
(Stangen- oder
Buschbohnen)
5 größere Kartoffeln,
mehlig
80 g Schweinespeck
3 Karotten
1 Zwiebel
1 Stiel Bohnenkraut
Petersilie
Gemüsebrühe
Sahne
Salz
Pfeffer
Öl zum Braten
evtl. Essig

Die abgefädelten Bohnen waschen und in ca. 1 cm große Stücke schneiden. Die Kartoffeln und Karotten schälen und in Würfel schneiden.

Das Dörrfleisch zusammen mit den Zwiebeln in einem Topf ca. 3 Min. in Öl anbraten. Anschließend mit Gemüsebrühe ablöschen und mit Wasser auffüllen. Wenn dieses kocht, die Karotten, Kartoffeln und das Bohnenkraut hinzugeben und warten, bis alles gar ist.

Danach die Petersilie kleingeschnitten in den Topf geben, mit Salz und Pfeffer abschmecken und im Teller etwas Sahne hinzugeben. Wer einen leicht säuerlichen Geschmack mag, kann ein wenig Essig hinzufügen.

Zu der Suppe wird traditionell Zwetschgenkuchen serviert.

Roschdische Ritter

Für 2 Personen

Der Name bedeutet „rostige Ritter" und bezieht sich auf die Farbe der Brötchen, die an Rost erinnert.

Die Kruste der Milchbrötchen auf einer Reibe abschälen und in einer Schüssel mit Zucker und Zimt zu einer Panade vermengen. Danach die Brötchen längs hälfteln und in lauwarme Milch legen. Wenn sie vollgesaugt sind, die Brötchen nacheinander zwischen die Handflächen legen und vorsichtig die Milch herausdrücken.

Dann die Brötchenhälften in einer Pfanne in Butter auf beiden Seiten zart anbraten und anschließend mit der Panade wie ein Schnitzel umhüllen.

Dazu gibt es eine Vanillesoße. Für diese wird der Vanillepudding mit etwas mehr Milch als gewöhnlich gekocht, damit dieser flüssiger ist. Wer möchte, kann dieser Soße auch Weißwein hinzugeben.

4 Milchbrötchen
ca. 400 ml Milch
Zucker nach Belieben
Zimt nach Belieben
10–15 g Butter
1 Päckchen Vanille-
pudding
evtl. Weißwein

Quetschekuche

Für 2 Kuchen

350 g Mehl
25 g Trockenhefe
125 ml Milch
1 Prise Salz
50 g Zucker
50 g Butter
3 Eier
400 ml Schlagsahne
600 g – 1 kg
Zwetschgen

Mehl, Hefe, eine Prise Salz und etwas aufgewärmte Milch zu einem Teig verrühren, der dann gezuckert wird. Danach die Butter in einer Pfanne verlaufen lassen und zusammen mit einem aufgeschlagenen Ei in den Teig geben und alles gut verrühren.

Danach den Teig an einem warmen Ort mit einem Tuch abgedeckt stehen lassen, bis er aufgegangen ist. Dann diesen gut durchkneten und dünn ausrollen. Danach diesen auf ein mit Butter eingefettetes Blech legen, wonach der Teig mit den entkernten und längs geviertelten Zwetschgen in Kreisen belegt werden kann.

Anschließend im Ofen bei 180 °C 10 Min. backen lassen. Währenddessen 2 Eier mit 4 EL Zucker und 400 ml Schlagsahne verrühren und diesen Guss nach 10 Min. auf den Kuchen geben. Den Kuchen dann weitere 40 bis 45 Min. backen lassen, bis der Guss bräunlich ist.

Der Kuchen kann genauso mit Äpfeln, Mirabellen oder Kirschen belegt werden.

Bekannte und bedeutende Persönlichkeiten aus dem Bliesgau

Künstler, Politiker, Unternehmer, Sportler

von Andreas Stinsky

Dass es mehrere der nachfolgenden Personen auf ihrem Lebensweg ausgerechnet nach München bzw. Oberbayern verschlagen hat, ist kein Zufall, da der Bliesgau zwischen 1816 und 1919 zu Bayern gehörte und seine Einwohner damit bayerische Staatsbürger waren.

Cerf Beer, Unternehmer, Finanzberater

(* um 1725 in Medelsheim; † 1793 in Straßburg)

Aus einer jüdischen Kaufmannsfamilie in Medelsheim stammend, war er später Pächter von Eisenwerken des Fürsten Wilhelm Heinrich von Nassau-Saarbrücken. Zudem war er als Finanzberater für mehrere Herrscherhäuser aktiv, mit denen er zugleich Geldgeschäfte betrieb. So kümmerte er sich bspw. um die Ausstattung der Kavallerie-Garnison in Straßburg. Vom französischen König Ludwig XIV. bekam er den Titel Directeur général des fourages militaires verliehen. Zudem hatte er als Jude keinen „Leibzoll" mehr zu entrichten, wenn er ins Elsass einreiste. Ab ca. 1756 lebte er im Straßburger Vorort Bischheim, von wo seine Frau stammte. Dies hatte auch den Vorteil, dass er so näher bei seinen Geschäftspartnern war, da er als Jude nicht in Straßburg leben durfte. Erst 1770 erlaubte man ihm als Einzigen jüdischen Glaubens, in der Stadt zu wohnen. Später kaufte er den Rappoltsteiner Hof in Finkweiler, den er zum Familienmittelpunkt machte. Nach einer Erweiterung um herrschaftliche Wohnhäuser lebten hier bis zu 60 Menschen aus seinem familiären

Umfeld. Er erwarb aber auch bei Straßburg, Nancy und Paris Eigentum und gründete verschiedene Manufakturen. Er war auch als großer Wohltäter aktiv: 1784 investierte er eine große Geldsumme, um alle elsässischen Juden vom Leibzoll zu befreien, er steuerte das notwendige Geld bei, um in Paris einen Friedhof für deutsche Juden anzulegen und richtete in Bischheim eine Talmudschule ein, womit er für Mädchen aus ärmlichen Verhältnissen zugleich die Voraussetzungen schuf, den Grundstock für eine Ehe zu legen. Seine zweite Frau stammte ebenfalls aus seinem Heimatdorf.

Carl Johann Becker-Gundahl, Künstler
(* 1856 in Ballweiler; † 1925 in München-Solln)
Nach einer Schreinerlehre in Ludwigshafen absolvierte er eine Zeichnerausbildung in Mannheim und war ab 1873 in einer Bildhauerwerkstatt in München tätig. Ab 1875 studierte er an der Akademie der Bildenden Künste in München, wo u. a. die Maler Wilhelm von Diez und Ludwig von Löfftz zu seinen Lehrern zählten. Nach einem 3-jährigen Aufenthalt als Zeichenlehrer in Kiel kehrte er nach München zurück, wo er zu einem der erfolgreichsten Wandmaler aufstieg. Für eines seiner Gemälde erhielt er 1884 den Großen Staatspreis von Bayern. 1892 trat er als eines der Gründungsmitglieder der Münchner Secession, einer liberalen Künstlervereinigung, in Erscheinung. 1906 wurde er zum Professor für Monumentale Malerei an der Münchner Akademie berufen, was er bis 1924 ausübte. Er malte Wandbilder u. a. im Bamberger Dom sowie in mehreren Kirchen in München, Nürnberg und Feucht. Seit 1960 ist die Grundschule in seinem Geburtsdorf nach ihm benannt.

Seite 219:
Abb. 161: Alte Aufnahme mit Blick auf die Rückseite der Häuser im Winkel zwischen Alter Pfarrgasse und Schlossbergstraße mit Schlosskirche im Hintergrund in Blieskastel. Die kleine ehemalige Residenzstadt ist Geburtsort von David Oppenheimer, Joseph Wendel und Marc Ziegler.

Andreas Grieser, Jurist und Politiker
(* 1868 in Bliesdalheim; † 1955 in München)
Aus einer kleinbürgerlichen Familie kommend, studierte er Jura in München und wurde 1918 Bürgermeister von Würzburg. 1920 legte er das Amt nieder und zog nach Berlin, wo er 1922 Ministerialdirektor für nationale und internationale Sozialversicherung im Reichsarbeitsministerium wurde, ehe er innerhalb des Ministeriums 1932 zum Staatssekretär aufstieg. Er gilt als ein Nestor der deutschen Sozialpolitik. Bereits 1928 verlieh ihm für diese Verdienste die Universität Tübingen die Ehrendoktorwürde. Mit der Machtergreifung der Nazis wurde er 1933 entlassen. Nach dem

Epilog

Als UNESCO-Biosphärenreservat eine Modellregion

von Andreas Stinsky

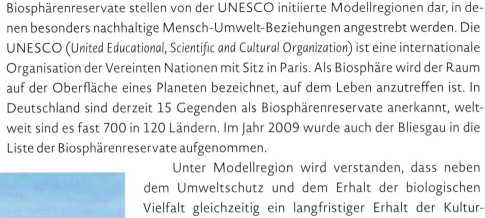

Biosphärenreservate stellen von der UNESCO initiierte Modellregionen dar, in denen besonders nachhaltige Mensch-Umwelt-Beziehungen angestrebt werden. Die UNESCO (*United Educational, Scientific and Cultural Organization*) ist eine internationale Organisation der Vereinten Nationen mit Sitz in Paris. Als Biosphäre wird der Raum auf der Oberfläche eines Planeten bezeichnet, auf dem Leben anzutreffen ist. In Deutschland sind derzeit 15 Gegenden als Biosphärenreservate anerkannt, weltweit sind es fast 700 in 120 Ländern. Im Jahr 2009 wurde auch der Bliesgau in die Liste der Biosphärenreservate aufgenommen.

Abb. 163: Das Bliestal
zwischen Breitfurt und
Wolfersheim.

Unter Modellregion wird verstanden, dass neben dem Umweltschutz und dem Erhalt der biologischen Vielfalt gleichzeitig ein langfristiger Erhalt der Kulturlandschaft angestrebt wird. Dabei soll die zukünftige Entwicklung durch nachhaltige Handlungsweisen, insbesondere hinsichtlich der Wirtschaft, geprägt werden. Auf Grundlage derer ist eine möglichst harmonische Mensch-Umwelt-Beziehung das Ziel. Ein weiteres wesentliches Standbein ist die Vermittlung von Umwelt- und Nachhaltigkeitsbildung. In die dafür erarbeiteten Entwicklungskonzepte sollen die Menschen der Region möglichst eng einbezogen werden, wodurch sie die Prozesse der Ausrichtung in Zusammenarbeit mit den Kommunen und Ministerien mitbestimmen können.

Die Verwaltung erfolgt dabei über einen Zweckverband, der von den lokalen Kommunen, Städten, dem Landkreis sowie vom Saarland getragen wird. Die Wechselwirkungen zwischen menschlichem Handeln und Umwelt werden wissenschaftlich dokumentiert, um besser auf Erfahrungswerte für zukünftige Fragestellungen zurückgreifen zu können.

Abb. 164: Blick ins Mandelbachtal bei Wittersheim.

Identitätsbildung im Bliesgau und Fragen zur Zukunft

von Andreas Stinsky

„Regionale Identität" ist eines *der* Schlagworte unserer Zeit, was sich insbesondere beim Thema „Strukturwandelprozesse" in einem seit Jahren in der Politik und in den Medien öffentlich geführten Diskurs widerspiegelt. Auch der Bliesgau befindet sich seit Jahrzehnten in einem fast alle Lebensbereiche umfassenden Strukturwandel, der angesichts von ungewissen Zukunftsperspektiven und Entwicklungskonzepten immer wieder auch Fragen zur Identität des Bliesgaus bzw. der Bliesgauer aufwirft. Doch wie sieht diese Identität überhaupt aus und welche Rolle spielt sie beim Blick in die Zukunft?

Zunächst einmal muss man die Frage stellen, ob die Menschen hier überhaupt eine regionale Identität im Zusammenhang mit dem Namen Bliesgau empfinden, dem über Jahrhunderte eine administrative Einheit fehlte. Der Name entstand als Bezeichnung für eine Land- und Grafschaft im Frühmittelalter, deren Grenzen teilweise deutlich von dem abweichen, was wir heute unter dem Bliesgau verstehen. So gibt es mittelalterliche Quellen, die einst auch Orte wie Ottweiler, Illingen oder Petite-Rosselle zum Bliesgau zählten – Orte, die 20 km entfernt und in völlig anderen Naturräumen liegen. Dann verschwand der Name Bliesgau ab dem 13. Jh. für über 400 Jahre und tauchte danach in der Literatur nur hier und da mal auf. Aus der Zeit vom 18. Jh. bis in die 1930er-Jahre gibt es zahlreiche Belege, wie amtliche Dokumente, Postkarten oder Fotos von Gaststättenschildern, dass die Region der Pfalz zugerechnet wurde. Die heutige Abgrenzung des Bliesgaus nach Osten zu Rheinland-Pfalz hin erfolgte politisch erst mit der 1919 während des Versailler Friedensvertrages festgelegten Definition des Saargebietes, das im Wesentlichen

die Steinkohlereviere an der Saar samt den Wohnorten der Bergleute umfasste. Erst seither besteht hier eine klare Abgrenzung zwischen dem auf saarländischem Gebiet befindlichen Bliesgau und der Pfalz, obwohl dabei die traditionelle Verbindung zwischen Zweibrücken und dem unteren Bliestal „gekappt" wurde und ein Teil des Naturraums Zweibrücker Westrich bereits auf saarländischem Territorium anzutreffen ist. Dies verdeutlicht, dass die Ostgrenze des Bliesgaus geschichtlich bedingt eine mehr oder minder willkürliche ist.

Abb. 165: Das Bliestal im Mai.

Homogener wird es auch nicht bei einem Blick auf die Bevölkerung. Ethnisch ist diese insbesondere seit dem 17./18. Jh. bunt zusammengewürfelt. Ebenso abwechslungsreich ist der Verlauf der politischen Zugehörigkeit. Siebenmal binnen 200 Jahren wechselten die Bewohner allein während der Neuzeit die Nationalität. Noch im Jahr 1781 sahen sich die Bewohner Altheims als Franzosen bzw. Lothringer und legten schriftlich empörten Protest gegen die Eingliederung ihres Dorfes in die deutsche Herrschaft Blieskastel ein. 154 Jahre, also nur sechs Generationen später, stimmten 95,6 % der wahlberechtigten Altheimer 1935 für einen Anschluss ans Deutsche Reich und gegen eine Angliederung an Frankreich.

Ist der Name Bliesgau also nichts anderes als eine moderne Wiederbenutzung eines ausgestorbenen Landschaftsnamens aus dem Mittelalter für eine Region, deren Menschen sich allein nach heutigen Verwaltungsgrenzen als Saarländer definieren?

Das mag auf den ersten Blick so wirken, doch gibt es ganz prägnante identitätsstiftende Elemente. Zum einen ist es die Landschaft, die sich als Naturraum klar gegenüber den umliegenden Gegenden abgrenzt und durch ihre Charakteristika eine ganz bestimmte Lebensart und auch Architektur bedingt. Durch diese sind die hier lebenden Menschen geprägt und nehmen die sie umgebende Landschaft mit ihren charakteristischen Merkmalen als Heimat wahr. Zum anderen gehört dazu die wechselvolle Geschichte und die unterschiedliche Herkunft der Menschen, die die Bevölkerung eint und der Region ihre vielfältige Prägung verliehen hat. Dies ist seit den Wanderungsbewegungen der ersten Menschenarten weltweit ein schon immer stattfindender und nie endender Prozess.

Auch die seit dem Mittelalter bestehende deutsch-französische Sprach- und Landesgrenze und der damit verbundene interkulturelle Austausch sind ein prägender Baustein der Region, wenngleich dieser auf viele Gegenden zutrifft.

Landschaft, Lebensart, Architektur und Geschichte sind daher die wichtigsten Pfeiler bzw. Prägekräfte eines regionalen Identitätsempfinden im Bliesgau, das jeder Einzelne für sich persönlich noch einmal anders definieren und beantworten kann.

Die Frage nach der Identität des Bliesgaus wirft eine weitere auf. Welche Rolle spielt diese beim permanenten Strukturwandel der Region hinsichtlich des gewünschten Weges, den man einschlagen möchte? Der Bliesgau war im Laufe seiner jüngeren Geschichte meistens strukturschwach und wies eine eher ärmliche Bevölkerung auf. Mit dem Wandel der Kulturlandschaft – in den letzten 50 Jahren gingen allein die Bestände an Streuobstwiesen um mehr als 50 % zurück – und dem Nichtpflegen der traditionellen Baukultur verliert die Region zunehmend zwei der wichtigsten Pfeiler ihrer Einzigartigkeit und büßt dadurch im wirtschaftlichen und touristischen Wettbewerb mit anderen Regionen an Attraktivität ein.

Dabei kann regionale, sich in Landschaft und Architektur widerspiegelnde Identität ein wichtiges Tool sein, um Strukturwandelprozesse erfolgreich zu bewerkstelligen, wie die Beispiele Oberbayern und Südtirol zeigen. Die Anerkennung als Biosphärenreservat mit ihrer ökologisch nachhaltigen Ausrichtung und die zunehmend imageprägende touristische Bewerbung der Region sind vor diesem Hintergrund wichtige Zukunftsfaktoren.

Mit dem zunehmenden Wegfall von kleinen Dorfläden, Bäckereien, Metzgereien, Post- und Bankfilialen, dem Rückgang von Gaststätten, dem Erschweren, Arztpraxen weiter zu besetzen, dem Umstand, dass Kirchen mehr und mehr nur noch leerstehende Immobilien darstellen, sowie dem Sterben von Vereinen, traditionellen Festen und Bräuchen verlieren die kleineren Dörfer zusehends ihre Infrastruktur, worunter auch das soziale Leben und Gemeinschaftsgefühl massiv leiden. Die ist jedoch kein bliesgauspezifisches, sondern ein viele ländliche und strukturschwache Regionen betreffendes Problem. Dadurch besteht die Gefahr der Entsolidarisierung der Bevölkerung mit ihren Orten, was bei der jüngeren Generation, die zunehmend in die größeren Städte zieht, bereits zunehmend der Fall ist, weil für sie das Dorfleben nicht mehr attraktiv genug ist.

Das gilt oft auch für das Erscheinungsbild der Orte. Viele Straßen geben aufgrund des oft unsensiblen Umgangs mit der historischen Bausubstanz ein nicht immer einladendes Bild ab. Natürlich büßten während des Zweiten Weltkrieges und im nachfolgenden Wiederaufbau, als zahlreiche Bauten ausradiert wurden, die Orte an architektonischer Attraktivität ein, doch besitzt der verbliebene große Bestand weiterhin immenses Potenzial, um zusammen mit der idyllischen Kulturlandschaft für Einwohner ein regionales Identitäts- und Heimatgefühl zu verkörpern und für Besucher und Touristen einen nachhaltig positiven Wiedererkennungswert zu generieren. Regionales schmecken, sehen und erleben sind nicht nur ein touristischer Trend, sondern maßgebliche Identitätsfaktoren, die, je nachdem, ob sie gepflegt werden oder nicht, das Selbstbewusstsein einer Bevölkerung mitbestimmen. Hier gilt, wie grundsätzlich in menschlichen Handlungsfeldern, dass jedweder Fortschritt nur durch Sensibilisierung für die Sache vorangetrieben werden kann.

Bezüglich regionalen Selbstbewusstseins im Wortsinne (sich dessen bewusst sein, was einen selbst auszeichnet) eröffnet auch das Feld von Neubauten ein spannendes, in der Region noch gänzlich unerschlossenes Themenareal. Wäre es nicht reizvoll für Planentwürfe neuer Häuser, ob Wohn-, Gewerbe- oder öffentliche Bauten, regionaltypische Traditionen und Materialien einfließen zu lassen und damit einen hochmodernen Bliesgaubautyp zu kreieren, der im Unterschied zu den modischen Standardfertighäusern ein unverwechselbares, selbstbewusstes Wahrzeichen der Gegend darstellen würde?

So schwer alle Faktoren der Strukturschwäche und des -wandels auf der Region lasten, so chancenreich ist auch die gegenwärtige Zeit. Denn lokale Initiativen können in dieser so facettenreichen Gegend im „Herzen Europas" auf zahlreichen Ebenen dynamische Prozesse in Bewegung setzen, egal ob im Landschaftsmanagement, bei der Erschließung regionaler Produkte und deren Verkaufsstrategien, ökologisch nachhaltiger Strategien, in der alten und gegenwärtigen Baukultur, bei Fragen der Versorgungs- und Mobilitätsinfrastruktur, im Tourismus, in Kunst, Kultur und Bildungsvermittlung, dem deutsch-französischen Austausch sowie nicht zuletzt beim sozialen Austausch. Wie so oft in der Geschichte des Bliesgaus bleibt es also spannend, wohin der Weg geht.

Übersicht an Sehenswürdigkeiten und Ausflugszielen

von Ann-Kathrin Göritz

Natur und Bewegung

Gersheim, Orchideengebiet

Der in Gersheim vorfindbare Muschelkalk ist idealer Nährboden für Orchideen. So ist es nicht verwunderlich, dass Vertreter dieser Pflanzenfamilie hier erstmals 1936 beschrieben wurden. Es ist fast die Hälfte der in Deutschland vorkommenden Artenvielfalt anzutreffen, darunter u. a. Hummel-, Fliegen- und Bienen-Ragwurz, verschiedene Stendelwurzarten sowie das Helm-Knabenkraut. Die Hauptblütezeit der Orchideen beginnt etwa Mitte April und klingt im Juli langsam aus.

Wittersheim, Kulturlandschaft Lochfeld

„Kulturlandschaft erlebbar machen": Nach dieser Philosophie wird das Haus Lochfeld betrieben. Durch EU-Förderung ist hier ein Zentrum für Kulturlandschaftspflege entstanden. Neben Streuobstwiesen, Kräuter- und Bauerngärten, einem Rosengarten und Beerensträuchern findet man auf der Anlage ein Bienenhaus sowie einen ökologischen Weinberg. Der Autarkie verschrieben, wird die Anlage durch Pflanzenöl und eine Fotovoltaikanlage geheizt, die Wasserversorgung durch den hauseigenen Brunnen sowie eine Regenwasserzisterne gespeist und die Entsorgung ist durch eine eigene Kläranlage gewährleistet.

Sitterswald, Mühlenweg / Blies-Grenz-Weg

Vorbei an Flussauen, alten Wäldern und Bliesmühlen ist der Blies-Grenz-Weg gelegen. In der Saargemünder Mühle, im 19. Jh. eine Fertigungsstätte für allerlei

Keramik, ist heute ein Museum für Keramiktechniken verortet. Im Fortlauf führt der Blies-Grenz-Weg am Mühlenwaldweiher entlang, weiter zu einem alten Kalksteinbruch sowie zu einer ca. 200 Jahre alten Eiche. Die Strecke von 15,7 km umfasst rund 368 Höhenmeter.

Niederwürzbach, Würzbacher Weiher

Die Bauherren von der Leyen prägten 1782 bis 1788 maßgeblich das Erscheinungsbild rund um den Würzbacher Weiher. Nennenswerte Bauten sind der Annahof und das Maison Rouge. Das Schloss Neu-Philippsburg, eine architektonische Meisterleistung der aufkommenden Neugotik, wurde von französischen Revolutionsgruppen zerstört. Im Annahof ist heute eine Hotellerie untergebracht, das vorbildlich restaurierte Maison Rouge befindet sich in Privatbesitz.

Bliestal-Freizeitweg

Auf der ehemaligen Bahntrasse der Bliestalbahn erstreckt sich zwischen Reinheim und Lautzkirchen auf ca. 16 km der Bliestal-Freizeitweg. Der Bau der ursprünglichen Bahnstrecke begann 1856 von Homburg nach Zweibrücken und wurde bis 1878 nach Saargemünd ausgebaut. In den 1990er-Jahren erfolgte die Stilllegung der Strecke, die seit 2000 als Weg für Radfahrer, Inlineskater und Wanderer ausgebaut ist.

Historische Orte
(eintrittsfrei und nicht museal erschlossen)

Blieskastel, historische Altstadt

Das pittoreske Barockensemble der Altstadt von Blieskastel wurde 1994 unter Denkmalschutz gestellt. Auf die Entwicklung des Stadtbildes hatte die Familie von der Leyen einen prägenden Einfluss. So sind u. a. der Paradeplatz, das spätbarocke Rathaus – damals auch Armen- und Waisenhaus als Stiftung der von der Leyen – und die Schlosskirche auf die Reichsgrafen zurückzuführen. Das ehemalige Schloss wurde in der französischen Revolution zerstört. Hier blieb nur die Orangerie erhalten. Weitere sehenswerte Bauten sind der Herkules- und Napoléonsbrunnen sowie einstige Hofratshäuser in der Schlossbergstraße.

Blieskastel, Gollenstein

Dieser zählt zu einem der ältesten Kulturdenkmäler in der Region und ist zugleich der größte Menhir Mitteleuropas. Sein genaues Alter lässt sich nur vermuten; so ist er wohl ca. 4.000 bis 5.000 Jahre alt. Seine Funktion ist ebenso schwer nachzuweisen. Er könnte als Kult-, Versammlungs- und/oder astronomische Stätte gedient haben und erhielt im 19. Jh. durch das Einmeißeln einer Altarnische eine christliche Komponente. Bei der Umlegung durch die Deutsche Wehrmacht 1939 zur Vermeidung eines Richtpunktes für gegnerische Artillerie, zerbrach er. 1951 wurde er schließlich wiederaufgerichtet.

Blieskastel, Wallfahrtskloster mit Heilig-Kreuz-Kapelle

Die Freiherren von der Leyen ließen 1683 auf einer Anhöhe in Blieskastel eine Kapelle errichten. Mit der Stiftung einer Kreuzreliquie entstand ein Wallfahrtsort. Dieser fand mit der französischen Revolution vorerst ein Ende, die Kapelle wurde geplündert und als Pulvermagazin zweckentfremdet. Aus dieser Zeit stammen Inschriften französischer Soldaten, die noch heute an den Portalsäulen zu finden sind.

Aufgrund der im 20. Jh. ansteigenden Zahl der Pilgerströme, deren Wallfahrtsseelsorge durch die Priester der Pfarrei Blieskastel nicht mehr zu bewältigen war, begann man 1924 mit dem Bau des Klosters. Grund für die Zunahme der Pilgerströme ist die sog. Pfeil-Madonna von Gräfinthal. Sie wurde nach umfangreicher Restaurierung 1911 wieder in der Heilig-Kreuz-Kapelle aufgestellt.

Bliesdalheim, Eiskeller (nur auf Anfrage zu besichtigen)

Die Kaverne bei Bliesdalheim bietet durch ihre gleichbleibend klimatischen Verhältnisse von 4 bis 8 °C ein perfektes Winterquartier für Fledermäuse. Das im 19. Jh. angelegte spitzbogenförmige Gewölbe von 26 m Tiefe, rund 5 m Höhe und Breite diente als Kühl- und Eislager.

Böckweiler, Stephanuskirche

Eine Urkunde des Klosters Hornbach aus dem Jahr 1149 ist der älteste schriftliche Beleg für die Existenz des Kirchenbaus in Böckweiler. Die durch Ausgrabungen aufgedeckte ältere Bebauung macht diesen Platz zu einem spannenden Ort. So kamen u. a. die Überreste einer *villa rustica* zum Vorschein. Darüber fand man Überreste einer dreischiffigen karolingischen Basilika. Diese Grundrisse sind durch Steinplatten vor dem Gebäude sichtbar. Der Grundriss der heutigen Form, die einem Kleeblatt ähnelt, geht auf das romanische Zeitalter zurück. Ein Steintisch aus der römischen Anlage ist heute vor dem Kirchenportal aufgestellt. Die Stephanuskirche liegt am Jakobsweg.

Kleinblittersdorf, Wintringer Hof / Wintringer Kapelle

Der alte Hof und die Kapelle (15. Jh.) haben sich in den vergangenen Jahren zu einem Kulturort entwickelt. Die ursprüngliche Prioratskirche, deren Überreste behutsam instandgesetzt wurden, war schon im Mittelalter eine Pilgerstätte und ist bis heute eine Station auf dem Jakobsweg.

Der Wintringer Hof, der von der Lebenshilfe Obere Saar e. V. gemeinsam mit Menschen mit Behinderung bewirtschaftet wird, betreibt ökologische Landwirtschaft, Obst- und Gemüseanbau sowie Garten- und Landschaftsbau. Die Erträge finden Verwendung in dem gastronomisch angeschlossenen Betrieb und werden im Hofladen verkauft.

Museen

Europäischer Kulturpark Bliesbruck-Reinheim

Er erstreckt sich auf einer Fläche von 70 ha beidseits der deutsch-französischen Grenze. Der Talkessel erwies sich schon 400 v. Chr. als attraktiver und belebter Standort. So zeugen u. a. die Überreste einer 7 ha großen römischen Palastvilla von einer wechselvollen Geschichte. Neben der römischen Villa und den Ruinen einer römischen Kleinstadt mit Thermen sind ein keltisches Fürstinnengrab mit seinem begehbar rekonstruierten Grabhügel die Highlights des Parks.

Rubenheim, Museum für Dörfliche Alltagskultur

Das Museum widmet sich Exponaten der Arbeiter- und Bauernkultur des gesamten Saarraumes mit Schwerpunkt Saarpfalz im Zeitraum des 18. bis 19. Jhs. Neben den zahlreich gesammelten Objekten erfasste der Museumsgründer Gunter Altenkirch im Laufe mehrerer Jahrzehnte Zeitzeugenprotokolle, mit deren Inhalten sich u. a. die Nutzung und Bedeutung gezeigter Objekte erklären lassen.

Habkirchen, Zollmuseum

Das Museum ist im ehemaligen Zollgebäude verortet, das 1861 unmittelbar an der deutsch-französischen Grenze in Betrieb genommen wurde. Den Grenzverlauf, wie wir ihn heute kennen, legten 1781 der französische König Ludwig XVI. und der Reichsgraf von der Leyen fest. Neben Gegenständen aus dem Berufsalltag eines Zollbeamten zeigt das Museum auch historische Schriften sowie Bilder aus der Geschichte der Zollgrenze. So sollen im April 1848 Karl Marx und Friedrich Engels den Grenzübergang in Habkirchen genutzt haben, da ihnen am Übergang in Saarbrücken eine Festnahme drohte.

Bliesmengen-Bolchen, Haus der Dorfgeschichte

In der Scheune eines passionierten Sammlers entstand Ende des 20. Jhs. ein Museum zur Dorfgeschichte. Neben Exponaten der Heimatgeschichte und des überlieferten Brauchtums sind in den Räumlichkeiten Alltagswelt sowie Arbeitsverhältnisse des 19. Jhs. und frühen 20. Jhs. dargestellt. Die Räume des Museums sind so eingerichtet, wie sie zur damaligen Zeit vorzufinden waren.

Blieskastel, La Pendule

Das Uhrenmuseum präsentiert 99 Uhren eines Privatsammlers. Die gezeigten Exponate umfassen eine Zeitspanne von den Anfängen der Uhr im vorwiegend bäuerlich geprägten französischen Jura bis hin zu Uhren aus der Blütezeit der französischen Pendule vom Ende des 17. Jhs. bis ins 19. Jh.

Unterhaltung

Gräfinthal, Naturbühne

Gräfinthal ist ein 1243 gegründetes Kloster, in dem eine Blieskasteler Gräfin und eine polnische Prinzessin begraben wurden. Nach seiner Auflösung 1785/86 und dem Abriss einiger Gebäude, beherbergt das Kloster seit 1999 wieder Mönche. Daneben befindet sich seit 1932 ein Freilichttheater mit 1.500 arenaförmig angelegten Sitzplätzen, das ein abwechslungsreiches Programm bietet.

Literatur

B. Barth / J. Gerstner / M. Wagner, Die Region Bliesgau – Erdgeschichte, Naturräume und charakteristische Raummerkmale im Überblick. In: D. Dorda / O. Kühne / V. Wild (Hrsg.), Der Bliesgau. Natur und Landsch. im südöstl. Saarl. Veröffentl. Inst. Landeskde. Saarl. 42 (Saarbrücken 2006), S. 31–48.

M. Baus / B. Becker / J. Schwan (Hrsg.), Bayern an der Blies: 100 Jahre bayerische Saarpfalz (1816–1919) (St. Ingbert 2019).

Ch. Bernard, Archäologie mit und ohne Spaten: Neue Erkenntnisse zu Burg und Schloss Blieskastel. Saarpfalz. Bl. Gesch. Vlkde. 4/2017, S. 21–35.

A. Bettinger, Die Vegetation des Offenlandes und der Gewässer im Bliesgau. In: D. Dorda / O. Kühne / V. Wild (Hrsg.), Der Bliesgau. Natur und Landsch. im südöstl. Saarl. Veröffentl. Inst. Landeskde. Saarl. 42 (Saarbrücken 2006), S. 71–84.

B. H. Bonkhoff, Die Kirchen im Saar-Pfalz-Kreis (Saarbrücken 1987).

D. Dorda / O. Kühne / V. Wild (Hrsg.), Der Bliesgau. Natur und Landschaft im südöstlichen Saarland. Veröffentl. Inst. Landeskde. Saarl. 42 (Saarbrücken 2006).

D. Dorda, Die Wälder im Bliesgau. In: D. Dorda / O. Kühne / V. Wild (Hrsg.), Der Bliesgau. Natur und Landsch. im südöstl. Saarl. Veröffentl. Inst. Landeskde. Saarl. 42 (Saarbrücken 2006), S. 57–69.

D. Dorda, Die Tierwelt im Bliesgau. In: D. Dorda / O. Kühne / V. Wild (Hrsg.), Der Bliesgau. Natur und Landsch. im südöstl. Saarl. Veröffentl. Inst. Landeskde. Saarl. 42 (Saarbrücken 2006), S. 85–98.

J. Fath, Weinbau im Bliesgau. Aus heimatlichen Gauen (Zweibrücken 1929), S. 46–47.

S. Fischbach / I. Westerhoff (Bearb.), Synagogen Rheinland-Pfalz / Saarland. „nichts anderes als Gottes Haus" (Mainz 2004), S. 441–442 u. 435–438.

R. Guth, Die Landwirtschaft im Bliesgau. In: D. Dorda / O. Kühne / V. Wild (Hrsg.), Der Bliesgau. Natur und Landsch. im südöstl. Saarl. Veröffentl. Inst. Landeskde. Saarl. 42 (Saarbrücken 2006), S. 171–186.

P. Haupt, Landschaftsarchäologie. Eine Einführung (Darmstadt 2012).

D. Hemmerling, Der Rebanbau im saarländischen Teil des Saar-Blies-Gaus. Gersheimer Hefte 4 (Gersheim 1987).

H. Keuth, Materialsammlung I, Siedlungen – Gehöfte – Gebäude. Veröffentl. Inst. Landeskde. Saarl. 21 (Saarbrücken 1973).

H. Keuth, Zeichnungen und Notizen zur saarländischen und lothringischen Volkskunde. Materialsammlung II. Veröffentl. Inst. Landeskde. Saarl. 29 (Saarbrücken 1988).

O. Kühne, Das Klima im Bliesgau. In: D. Dorda / O. Kühne / V. Wild (Hrsg.), Der Bliesgau. Natur und Landsch. im südöstl. Saarl. Veröffentl. Inst. Landeskde. Saarl. 42 (Saarbrücken 2006), S. 49–56.

F. Martin, Bliesgau. Werden und Bild einer Landschaft. Saarheimat 11, 1969, S. 296–298.

M. Merkel, Das frühmittelalterliche Gräberfeld von Altheim, Stadt Blieskastel, Saar-Pfalz-Kreis (Dissertation Kiel 2004).

H. Neu, Das Machen von Natur. Eine Untersuchung am Beispiel der Biosphärenregion Bliesgau (Diplomarbeit Saarbrücken 2006).

D. Popp, Von einer historisch gewachsenen Kulturlandschaft zur Modellregion – Chancen und Perspektiven eines Biosphärenreservates im Bliesgau. In: D. Dorda / O. Kühne / V. Wild (Hrsg.), Der Bliesgau. Natur und Landsch. im südöstl. Saarl. Veröffentl. Inst. Landeskde. Saarl. 42 (Saarbrücken 2006), S. 285–296.

R. W. L. Puhl, Die Gaue und Grafschaften des frühen Mittelalters im Saar-Mosel-Raum. Philologisch-onomastische Studien zur frühmittelalterlichen Raumorganisation anhand der Raumnamen und der mit ihnen spezifizierten Ortsnamen. Beitr. Sprache Saar-Mosel-Raum 12 (Saarbrücken 1999).

H. Quasten, Die Siedlungsentwicklung in der Region Bliesgau. In: D. Dorda / O. Kühne / V. Wild (Hrsg.), Der Bliesgau. Natur und Landsch. im südöstl. Saarl. Veröffentl. Inst. Landeskde. Saarl. 42 (Saarbrücken 2006), S. 121–170.

H. Quasten (Hrsg.), Stadt und Herrschaft Blieskastel unter den Grafen von der Leyen und unter französischer Hoheit 1660 – 1793/94 – 1815. Gesammelte Beiträge von Wolfgang Laufer. Veröffentl. Inst. Landeskde. Saarl. 50 (Saarbrücken 2015).

W. Reinhard, Kelten, Römer und Germanen im Bliesgau. Denkmalpfl. Saarl. 3 (Saarbrücken 2010).

R. Schmitt, Zur Geschichte des Weinbaus im Bliesgau und an der oberen Saar (Saar-Blies-Winkel). Schriften zur Weingeschichte 167 (Wiesbaden 2010).

W. E. Schultz, Der Bliesgau (Zweibrücken 1838).

A. Spellerberg / U. Neumann / T. Woll, Biosphäre Bliesgau – Bevölkerungsstrukturen, Lebensstile und Wahrnehmung: eine Baseline-Studie im neu eingerichteten Biosphärenreservat. In: Sozioökonomisches Monitoring in deutschen UNESCO-Biosphärenreservaten u. anderen Großschutzgebieten (Bonn 2013), S. 33–56.

H. Spies, Burg, Schloß und Amt Blieskastel. Ein urkundlich belegter Beitrag zur Geschichte der Stadt Blieskastel (Homburg 1977).

D. Staerk, Die Wüstungen des Saarlandes. Beitr. zur Siedlungsgesch. des Saarraumes vom Frühmittelalter bis zur Französischen Revolution. Veröffentl. Komm. saarl. Landesgesch. u. Volksforsch. 2 (Saarbrücken 1976).

A. Stinsky, Die Villa von Reinheim. Ein ländliches Domizil der gallo-römischen Oberschicht (Mainz 2016).

A. Stinsky, Landschaftsarchäologische Studien zur römischen Besiedlung im südöstlichen Saarland und Umgebung. Universitätsforsch. zur prähist. Archäologie. 2 Bde. (Bonn 2019).

H. Volk, Heimatgeschichtlicher Wegweiser zu Stätten des Widerstandes und der Verfolgung 1933–1945. Bd. 4 Saarland (Köln 1990).

M. Vonhof-Habermayr, Das Schloß zu Blieskastel. Ein Werk der kapuzinischen Profanbaukunst im Dienste des Trierer Kurfürsten Karl-Kaspar von der Leyen (1652–1676). Veröffentl. Inst. Landeskde. Saarl. 37 (Saarbrücken 1996).

J. M. Wagner, Zur Entwicklung der Kalkwirtschaft im Bliesgau. In: D. Dorda / O. Kühne / V. Wild (Hrsg.), Der Bliesgau. Natur und Landsch. im südöstl. Saarl. Veröffentl. Inst. Landeskde. Saarl. 42 (Saarbrücken 2006), S. 197–214.

E. Weinmann / K. Legrum, Blieskastel im Nationalsozialismus. Saarpfalz. Bl. Gesch. Vlkde., Sonderheft (Homburg 1997).

H. Wolf, Die lokale Waldgeschichte des Biosphärenreservates Bliesgau als Baustein einer Bildung für Nachhaltige Entwicklung. (Dissertation Rostock 2010).

H. Wolf, Eine kleine Waldgeschichte. Wald und Mensch im Biosphärenreservat Bliesgau und den angrenzenden Regionen (Blieskastel 2012).

Bildnachweis

Andreas Stinsky: Abb. 1, 4–6, 12, 13, 19–24b, 24d, 26, 28, 29, 34, 36, 37, 40, 43, 47, 48, 50, 52, 54b, 55, 59, 61–62, 64a, 74, 76a, b, 80, 81, 85, 86a, 87, 89, 94, 97–101, 107–111, 113, 114, 117, 118, 119c, 121, 126–128, 130, 132, 143–145, 147, 149–151, 154, 156–159, 160a–d, f, 163, 165, 166

Andreas Stinsky, Abb. 115 (Bearbeitung: Markus Jungen)

atreyu / Wikimedia Commons / CC BY-SA 3.0: Abb. 53 (Bearbeitung: Silvia Benigni), 57, 123

Bayerisches Hauptstaatsarchiv: Abb. 96

Bettina Barth: Abb. 11

Europ. Kulturpark: Abb. 30–32, 65, 70, 124, 134, 140

faber courtial: Abb. 39

Fachrichtung Geographie, Univ. d. Saarlandes: Abb. 137

Fredi Brabänder: Abb. 84

Gemeinde Gersheim: Abb. 72, 77, 133, 138a

GeoBasis-DE / LVermGeoRP2017, dl-de / by-2-0; die Kartenoriginale befinden sich in der Königlichen Bibliothek zu Stockholm: Abb. 49

Gilbert Schetting: Abb. 60, 75, 78

Hansi Stolz: Abb. 139

Institut f. Landeskunde Saarland: Abb. 64b, 82b, 88, 104, 106, 112, 119b, 136

Jean-Claude Golvin: Abb. 35, 95

Joefrei / Wikimedia Commons / CC BY-SA 3.0: Abb. 17

Jutta Winter: Abb. 148

Kalkwerk Gersheim GmbH & Co. KG: Abb. 82a, 138b

Landesmedienarchiv: Abb. 56, 79, 93, 161

Lencer / Wikimedia Commons / CC BY-SA 3.0: Abb. 3

Ludwig Weber: Abb. 119a, 142

Marco Kany: Abb. 7, 86a, 86b, 102, 105, 116, 120

Markus Jungen: Abb. 38, 152 (Grundlage: Andreas Stinsky)

Martian Baus: Abb. 160e

Martin Moschel: Abb. 67, 90, 103, 153

Michael Clivot: Abb. 83

Mike's Birds / Wikimedia Commons / CC BY-SA 2.0: Abb. 16

Nicole Roth: Abb. 8

Ortsrat Bliesdalheim: Abb. 68

Ortsrat Herbitzheim: Abb. 9, 73, 135, 141, 155

Peter Baus: Abb. 164

Peter Lupp: Abb. 2, 10, 42, 44a–46, 129

Röhrig Universitätsverlag: Abb. 58b

Roman Schmidt: Abb. 25, 91, 92, 122

Rosemarie Kappler: Abb. 14, 15

Rüdiger Kratz / Wikimedia Commons / CC BY-SA 3.0: Abb. 51

Saarpfalz-Kreis: Abb. 24c

Saarpfalz-Touristik, Fotos: Eike Dubois, Wolfgang Henn, Daniel Spohn: Abb. 18, 27, 58a, 125, 131, 162

Stefan Klopp: Abb. 146

Stadtarchiv Blieskastel: Abb. 54a, 71

Tarek Mawad / Friedrich van Schoor / Andreas Stinsky: Abb. 33

Thomas Walle: Abb. 69

Victor Burgund, Archiv Oliver Weissend: Abb. 66

Walter Reinhard: Abb. 41

Wilhelm Neumüller: Abb. 63